独生子女对
代际支持家庭养老的
影响研究

郭永芳 著

中国财经出版传媒集团
经济科学出版社
Economic Science Press

图书在版编目（CIP）数据

独生子女对代际支持家庭养老的影响研究/郭永芳著. —北京：经济科学出版社，2021.9
ISBN 978-7-5218-2850-4

Ⅰ.①独… Ⅱ.①郭… Ⅲ.①独生子女－家庭－养老－研究－中国 Ⅳ.①D669.6

中国版本图书馆 CIP 数据核字（2021）第 183361 号

责任编辑：高　波
责任校对：杨　海
责任印制：王世伟

独生子女对代际支持家庭养老的影响研究
郭永芳　著

经济科学出版社出版、发行　新华书店经销
社址：北京市海淀区阜成路甲 28 号　邮编：100142
总编部电话：010-88191217　发行部电话：010-88191522
网址：www.esp.com.cn
电子邮箱：esp@esp.com.cn
天猫网店：经济科学出版社旗舰店
网址：http://jjkxcbs.tmall.com
北京季蜂印刷有限公司印装
710×1000　16 开　10.25 印张　143000 字
2021 年 9 月第 1 版　2021 年 9 月第 1 次印刷
ISBN 978-7-5218-2850-4　定价：42.00 元
（图书出现印装问题，本社负责调换。电话：010-88191510）
（版权所有　侵权必究　打击盗版　举报热线：010-88191661
QQ：2242791300　营销中心电话：010-88191537
电子邮箱：dbts@esp.com.cn）

前言 PREFACE

20世纪70年代末,我国开始实行的计划生育政策,产生了数以亿计的独生子女家庭。虽然2016年国家放开了二孩政策,2021年又放开了三孩政策,但是有相当大的一部分夫妇错过了生育年龄,他们终生只能有一个孩子。虽然一个孩子的家庭,子女可以享受较好的生活和接受更好的教育,但是也给独生子女父母的养老带来了困扰。与多子女家庭相比,独生子女的家庭养老不仅存在困难,而且还有很大的风险。学者们普遍认为,独生子女家庭的养老责任应该由个人、家庭、政府和社会共同承担。近年来,虽然政府相关部门和社会,以及学术界对独生子女家庭的养老问题给予了一定的关注,如政府对农村独生子女父母养老有奖励扶助政策,城市独生子女父母的养老保险待遇与多子女父母有一定的差别,但这个差别很小。无论是农村的奖励扶助政策,还是城市的养老金差别待遇政策,对于独生子女父母养老都是杯水车薪,不足以弥补少生育子女给他们养老带来的损失。养老不仅仅是"钱"的问题,日常还需要生活和生病时照顾,在老人无法自理时还需要有人照顾或者住在养老院时需要有人看护,因此独生子女家庭面临着很大的养老风险,他们可能面临中老年失独,或者子女残疾,或者子女在国外生活等问题,使他们的晚年生活失去依靠。

选择独生子女家庭养老作为研究课题是因为笔者也是独生子女的母亲,很快就会面临养老的问题,唯一的女儿又不在身边,无法对以后养老做出规划,与笔者一样的独生子女家庭还有很多,即使子女在身边的独生子女父母也很难指望子女照顾他们,为他们养老。在自己有养老资金和身体状况较好的时候可以自己养老,如果没有足够的养老资金或者身体状况欠佳时,就需要子女为他们养老,独生子女很难独立完成为父母养老的任务,因此,就需要其他的养老方式作为家庭养老的补充。目前,针对独生子女家庭养老的问题还没有配套的政策。笔者希望通过本课题的研究为解决独生子女家庭养老的问题尽一点绵薄之力,希望政府能出台相应的配套措施,解决独生子女家庭养老的困难,毕竟这些家庭都是为了响应国家的计划生育政策,牺牲个人利益的家庭。

本书的撰写是基于教育部人文社会科学研究一般项目,在课题研究的过程中,课题主持人利用2017~2018年寒暑假的时间,带领硕士生和本科生选择东、中、西部地区的江苏省、浙江省、山东省、安徽省、湖南省五个省的十个市的二十个区(县),对60岁以上的多子女父母和50岁以上的独生子女父母进行随机抽样调查,共发放调查问卷790份,其中,有效问卷720份。对71人进行了个案访谈,包括独生子女家庭和多子女家庭。问卷中涉及被调查家庭的基本情况、家庭经济状况、生活和生病照顾、养老意愿和精神慰藉五大类,共34个小项,同时还设置了开放性的问题,还要求每10位被访者就要选择1人进行典型家庭个案访谈,以确保问卷的质量和信息的真实性。

前言

在问卷调查的过程中,我们发现独生子女父母的生活比多子女父母的生活更丰富多彩,他们与子女的关系普遍较好,有相当多的一部分城市独生子女父母有出门旅游的经历,农村独生子女父母主要担心没钱养老,城市独生子女父母主要担心没人照顾,这个现象符合马斯洛的需求层次理论。

我们希望通过独生子女家庭养老的研究,弄清独生子女家庭与多子女家庭养老方式和养老意愿的差别,弄清城市与农村独生子女家庭养老方式和养老意愿的差别,让社会和学界了解独生子女家庭养老的困难,引起政府和社会对独生子女家庭养老问题的重视,以便采取相应的配套措施解决独生子女家庭养老的问题,不能让当年计划生育的先进群体变成养老的困难家庭。

在问卷调查的过程中,笔者得到了安徽财经大学40多位同学的大力支持,他们主要是当时在校的硕士生和本科生,由于参与的人数较多,无法一一列出,在此一并表示感谢!同时,要特别感谢董俊杰、洪雪雯、袁德娟和吴尔几位硕士生,没有他们的支持和帮助,我的书稿就无法顺利地完成。

郭永芳

2021 年 8 月

目录
CONTENTS

第一章　导论 ……………………………………………… 1

　　第一节　研究背景与研究意义 …………………………… 1
　　第二节　文献综述 ………………………………………… 3

第二章　我国养老保障的现状 …………………………… 12

　　第一节　我国代际支持家庭养老的现状 ………………… 12
　　第二节　我国社会养老的发展状况 ……………………… 21

第三章　城乡独生子女父母和多子女父母养老
　　　　　差别的描述性统计分析 ……………………… 31

　　第一节　数据来源与样本的基本情况 …………………… 31
　　第二节　城市独生子女父母和多子女父母养老的差别 … 34
　　第三节　农村独生子女父母与多子女父母养老的差别 … 48
　　第四节　城乡独生子女父母养老的差别 ………………… 63

第四章　子女数对代际支持家庭养老影响的回归分析 … 79

　　第一节　城市子女数对代际支持家庭养老
　　　　　　影响的回归分析 ………………………………… 79

第二节　农村子女数对代际支持家庭养老影响的
　　　　　回归分析 ································· 89
　　第三节　城乡独生子女对代际支持家庭养老影响的
　　　　　回归分析 ································· 100

第五章　独生子女父母在代际支持家庭养老模式中
　　　　存在的困难 ································· 109
　　第一节　城市独生子女父母在代际支持家庭
　　　　　养老中的困难 ··························· 109
　　第二节　农村独生子女父母在代际支持家庭
　　　　　养老中的困难 ··························· 113

第六章　城乡独生子女家庭养老的政策建议 ··············· 122
　　第一节　城市独生子女家庭养老支持政策 ··········· 122
　　第二节　农村独生子女家庭养老支持政策 ··········· 125

附录 ··· 129
　　附录1　城乡家庭养老调查问卷 ···················· 129
　　附录2　中华人民共和国人口与计划生育法 ········· 134
　　附录3　全国人民代表大会常务委员会关于修改《中华
　　　　　人民共和国人口与计划生育法》的决定 ······ 142

参考文献 ··· 146
后记 ··· 154

第一章 导论

第一节 研究背景与研究意义

一、研究背景

党的十八届五中全会提出,坚持计划生育的基本国策,完善人口发展战略,全面实施一对夫妇可生育两个孩子的政策。2016年,国家全面实施了二孩政策。根据国家统计局2021年5月11日发布的《第七次全国人口普查公报》数据显示:2020年,我国的人口出生率是8.52‰,人口自然增长率为1.45‰。截至2020年底,我国总人口是14.12亿人,65岁以上的人口是1.9亿人,占总人口的比重为13.5%,老年抚养比达到了19.7%。2020年,我国基本养老保险基金收入为49229亿元,同期支出为54656亿元,当年出现5427亿元的赤字,社会养老的压力不断增大。在老龄化逐步加深、人口的出生率不高,以及养老保险基金当年收不抵支的情况下,2021年5月31日,中共中央政治局召开会议,进一步优化生育政策,实施一对夫妻可以生育三个子女政策。全面三孩政策的实施,不仅可以减缓我国人口老龄化的趋势,而且还可以在我国社会保障制度还不完善的今天,增强家庭的代际支持和养老照料功能。

近年来，我国已经建立了覆盖城乡的社会养老保障制度，但是由于我国城乡居民养老保险的待遇较低、机构养老的服务质量不高，以及社区养老服务的不到位等问题，我国的养老方式，特别是农村养老方式还是以家庭养老为主。家庭养老是建立在多子女基础上的，独生子女父母在家庭养老中处于不利地位。

独生子女，从父辈的角度是指终身只生育一个孩子，从子辈的角度是指终身没有同胞兄弟姐妹。20世纪70年代末，我国开始实行计划生育政策，实行一对夫妇生育一个孩子。姚引妹等根据2005年1%人口抽样调查资料和2010年第六次人口普查数据的测算得出：截至2013年底，我国独生子女数量约为2.18亿人[①]。由于国家放开了生育政策，符合条件的夫妇可以生育多个子女，这样独生子女的数量有一定程度的减少。独生子女的产生可能是夫妇的自愿行为，也可能是迫于无奈。因此，笔者建议由国家政策导致的独生子女父母养老问题应该由国家和社会分担。2012年，全国老龄办发布了《中国老龄事业发展报告》，该报告估算我国至少有100万个失独家庭，且平均每年还会增加7.6万户。这些失独家庭不仅缺少精神寄托，而且也因为缺乏照顾主体，使他们的晚年生活陷入困境。孙炜红认为，要统一提高城乡失独父母的扶助标准，保障他们的基本生活；在建立健全机构养老服务的基础上，解决失独家庭的老年照顾问题；通过社会工作者的介入，对失独父母进行心理干预[②]。也就是说，失独家庭的养老，需要政府和社会承担更多的责任。独生子女父母的养老问题能否妥善解决，不仅关系着我国此前实行计划生育政策的成败，也体现政府政策的连续性和配套性。

---

① 姚引妹，李芬，尹文耀. 单独两孩政策下独生子女数量、结构变动趋势预测［J］. 浙江大学学报（人文社会科学版），2015（1）：94－104.
② 孙炜红. 失独家庭养老困境研究［J］. 四川理工学院学报（社会科学版），2014（4）：26－31.

二、研究意义

在我国老龄化日益严重和社会养老压力不断增大,以及人口出生率不高的情况下,经过专家的反复论证和测算,2016年,我国全面放开了二孩政策。5年过去了,二孩政策实施的效果并不理想,人口出生率虽然有所上升,但是与预先估计的数字还有很大的差距。2021年,我国又全面放开了三孩政策。二孩政策的出台,意味着实施30多年的独生子女政策终结。由于我国的社会养老保障制度不健全,养老服务难以满足不断增长的养老需求,我国目前的养老方式还是以家庭养老为主,社会化养老并不普遍。在此背景下,研究独生子女父母的养老问题,不仅是对以前计划生育政策的肯定,而且对于计划生育配套政策的制订有着非常重要的现实意义。

第二节 文献综述

一、关于家庭养老模式的研究

在现代社会保障制度建立以前,世界各国的老人主要由家庭成员(主要是子女)来赡养。19世纪,德国首先建立了现代社会保障制度,此后西方各国纷纷建立和完善了社会保障制度。近年来,我国才逐渐建立了覆盖城乡的养老保险制度,但是我国的社会保障制度还很不完善,家庭养老仍然是我国最主要的养老方式。

长期以来,我国的养老方式都是以家庭养老为主,老人在失去了劳动能力之后,由家庭成员特别是子女来赡养,只是近年来才实现了养老保险制度的全覆盖,但是家庭养老仍然无法被完全替代,子女在父母的养老中依然发挥着重要作用。费孝通（1983）认为，在中国是甲代抚育乙代，乙代赡养甲代，乙代抚育丙代，丙代又赡养乙代，这是下一代要对上一代反馈的模式。杜鹏等（1998）认为，由子女赡养父母是目前我国最重要的养老方式。王跃生（2012）认为，代际支持养老是代际关系的重要内容，当代多数家庭子代与父代之间存在养老型代际支持关系。易文彬（2013）认为，家庭养老模式仍然是农村养老的基本形式。韦加庆（2015）认为，我国人口的基数大，国家还不富裕，政府不可能承担所有的养老责任，农村社会养老保险水平低的局面将长期存在。在农村，社区养老还严重缺位，因而必须依靠家庭养老。即使将来社会养老保障水平得到较大提高，也不能完全替代家庭养老，家庭养老依然是不可或缺的养老方式。上子武次等（1987）认为，日本赡养老人的主要方式是老人与其子女（主要是长子）或亲属同居式的家庭赡养。陶纪坤（2015）认为，新型农村社会养老保险（以下简称"新农保"）制度的推出只是在一定程度上为农村老年人提供经济上的保障，但无法为老年人提供生活照料和精神慰藉。家庭养老作为我国传统的养老方式有着独特的作用，老年人在家里不仅能得到经济上的支持，而且还能获得健康照顾、生活护理和精神慰藉方面的保障。杨政怡（2016）认为，新农保只是对农村家庭养老一定程度的替代，但是家庭养老的部分功能，如精神慰藉的功能无法被社会养老替代，因此要积极鼓励农村居民参加新农保，逐步提高新农保的待遇，并强调家庭养老的重要性，促进农村家庭养老和社会养老互补。钟涨宝等（2016）的研究表明，家庭养老模式在较长的时间内不会被替代，仍旧是农村最主要的养老模式。一方面，社会化养老服务机构在农村还处于起步甚至空白阶段，农村社会化养老之路还很艰难；另一方面，老年人越来越重视精神上的需求，即使老年人可以在家庭之外获得足够的经济支持和生活照顾，但精神慰藉的需求也难以得到充分的满足，而家庭养老在这方面可以发挥其特有的优势，这就意味着其模式难以被取代。

也有学者认为，随着家庭的小型化，家庭养老已经失去了原有的社会基础，也不再适应当前的中国社会。郑丹丹等（2014）通过对城市家庭代际支持的研究认为，"养儿防老"这种传统中国家庭的代际支持模式已经不再普遍适用于当下的中国社会，也不再具有其曾经的重要性。高传胜（2017）认为，在目前中国家庭结构发生变化的背景下，以居家为基础、社区为依托、机构为补充的养老服务模式如何更好地适应中国，还需要反思。中国要实现"老有所依"，必须充分发挥养老服务供给的专业化和规模效应。

二、父母获得的养老支持与子女数量关系的研究

在家庭养老的模式下，子女越多，父母从子女那里获得的养老支持就越多。桑（Sun，2002）的研究表明，子女的数量与父母所获得的代际支持是呈正相关的。石燕（2008）认为，在所得到的养老经济支持方面，独生子女父母与非独生子女父母的差异并不是来自于单个子女供给上，而是来自于子女个数上的差异。杨菊华等（2010）研究表明，在中国，子女无疑是老年父母身体照料和精神慰藉的主要来源，儿女双全的老人健康状况高于有儿无女的老人，有女无儿的老人高于孤寡老人。这说明子女的数量和性别对老人的精神慰藉都很重要。赵继伦等（2013）通过对北京市4个社区的问卷调查，研究结果显示，子女的数量、居住距离影响对父母经济支持的满意度，也会影响对父母日常照顾的满意度。张骐等（2015）通过研究发现，子女数量的增加不会减少财务供给的概率和数量。也就是说，家庭养老的水平与子女数量成正比。胡仕勇等（2016）的研究结果显示，子女数量与其他收入获得越多，子女所提供的代际经济反馈数量越多。

也有学者研究表明，子女数量与家庭养老的支持并非正相关，还有可能出现子女越多父母获得的养老支持越少的情况。柯里·查（Kee-Lee Chou，2010）的研究表明，子女数量与父母获得经济支持

之间的关系强度是中等的,两者的关系并非简单的线性关系,子女数目具有门槛效应。慈勤英等(2013)研究显示,父母所得到的子女代际经济供给量在一般情况下与子女数之间没有明显的正相关关系。张文娟等(2004)研究表明,子女越多,他们在父母赡养问题上越容易推诿、扯皮,子女的数量与父母所得到的代际支持是呈负相关关系的。石智雷(2015)通过对农村家庭养老状况的研究发现,在家庭养老中存在子女数量和质量之间的替代关系,子女的质量对父母老年生活质量的提高影响更大,过多子女反而会造成父母养老水平的下降。

三、关于独生子女父母养老意愿的研究

中国有句古话叫"养儿防老",每个家庭都希望生个儿子为自己养老,说明我国的养老观念还是非常传统,即希望由儿子来养老。虽然独生子女政策的实施,养儿防老的观念已经发生了很大的转变,但是家庭养老的观念还是根深蒂固的。部分城市独生子女父母的养老意愿和农村独生子女父母有相同之处,都是希望居家养老。尹志刚(2008)通过对北京市西城区、宣武区第一代独生子女家庭调查研究显示,独生子女父母普遍认为,在可能的条件下,居家养老仍然是主要的养老方式,在各种家庭结构和自理情况下,70%以上的父母选择居家养老。唐利平等(2010)通过对江苏省和四川省农村居民的调查研究显示,第一代农村独生子女父母和同时代的非独生子女父母一样,大部分还是希望家庭养老,对子女养老具有较强的心理依赖。王学义等(2013)通过问卷调查的形式研究了四川省绵阳市和德阳市两个地区农村独生子女父母的养老意愿,研究结果显示:独生子女父母的养老意愿依然传统,即主要希望自己由子女来养老。纪竞垚(2015)的研究显示,农村比城市受传统养老观念影响更深远,其独生子女父母选择"养老责任在子女"的比例更高,城市独生子女父母相对于农村更倾向于将养老主体责任多元化。

随着计划生育政策的实施、家庭子女数量的减少和独生子女家庭的大量出现,以及社会保障制度的完善,一部分独生子女父母逐渐改变了养老观念。风笑天(2010)的研究结果显示,在是否到养老机构养老的问题上,独生子女父母与非独生子女父母之间存在着非常大的差别。有60%的独生子女父母已具有自己到养老院养老、不拖累子女的心理准备,其比例高于非独生子女父母20%左右。丁志宏(2014)的研究表明,随着农村家庭的核心化,孩子数量的减少,中年独生子女父母的养老观念正在发生着变化,依靠社会养老和个人养老的趋势明显增加。洪娜(2013)的研究显示,当家庭经济状况越来越好时,独生子女父母居家养老的意愿明显减弱。尚潇滢(2014)的研究表明,收入水平越高的老年人,具有一定的经济能力支付相应的养老需求服务,更加倾向于选择机构养老。伍海霞(2017)通过对5省(市)独生子女家庭状况的调查研究发现,超过30%的独生子女父母希望社区提供养老服务,40%左右的独生子女父母计划以后入住养老院。

四、关于独生子女父母在家庭养老模式中的困难和风险的研究

城市化的不断发展,传统的家庭养老观念正在被逐步打破,又由于子女数量的减少,甚至是只有一个子女,如果还依靠家庭养老是不现实的,独生子女的家庭养老面临着很多困难。风笑天(2006)认为,现实社会已经失去了传统中国家庭养老的客观基础,独生子女的家庭养老面临着严峻的现实困境。周德禄(2011)通过对山东农村独生子女家庭的调查研究显示,60岁及以上老年组,独生子女的父母能够得到子女生活费供养的比率比非独生子女户父母低49.4%,在父母的医疗费用提供方面,独生子女比非独生子女低28%。衣艳芳等(2012)认为,独生子女父母能得到子女经济供养和照顾的比例较多子女低。王翠绒(2014)通过对常德市农村家庭经济收入状

况的调查结果显示，独生子女家庭人均纯收入普遍低于多子女家庭，独生子女父母养老可能出现资金储备不足的问题。李薇等（2013）研究表明，婚后的子女更有可能离开父母选择单独居住，如果夫妻双方都是独生子女更倾向于与父母分开居住。这表明，婚姻可能使城市第一代独生子女更有可能与父母分开居住，这样他们给父母提供生活照料的可能性也会随之降低。

独生子女政策的推行，使得许多家庭的子女具有唯一性，唯一的子女可能因为经济能力和精力有限，或者因为子女伤亡，使得独生子女家庭养老面临很大的风险。穆光宗（2007）认为，由于独生子女具有唯一性和不可替代性，独生子女家庭的养老比多子女家庭具有更大的风险。于长永（2009）认为，农村独生子女家庭面临的养老风险远远大于城市独生子女家庭。杨勇刚等（2014）认为，由于独生子女的唯一性，失独家庭养老在制度、经济和自身方面都存在着较大的风险。

五、关于独生子女家庭和失独家庭养老模式构建的研究

随着现代社会生活节奏的不断加快，以及4—2—1或者4—2—2家庭结构的普遍性，独生子女本身的生活压力也在增加，因此独生子女父母完全依靠子女养老既有很大的风险，也不现实，因此独生子女父母们要转变养老观念，构建个人、家庭、政府和社会等多元主体养老的新模式。徐俊等（2012）认为，独生子女父母要转变养老观念，树立自我养老意识。王文娟等（2008）认为，面对独生子女家庭养老责任与风险的两难困境，要求个人、家庭、政府和社会共同构建责任共担的风险化解机制，以解决独生子女家庭的养老问题。熊汉富（2009）认为，为帮助独生子女处理好职场竞争和赡养老人的关系，政府应出台并实施特殊的探亲休假制度。在所有劳动者都依法享有带薪假的基础上，适当地增加独生子女，特别是双独夫妻劳动者带薪

休假的天数，让他们有较多的时间去探视和陪伴老人。刘燕等（2013）提出，解决独生子女家庭养老问题，是一个全社会参与的系统工程，需要各方尽快构建起为老人服务的多元化社会支持网络体系。王萍等（2013）认为，应建立独生子女父母护理保险制度，提高城市独生子女父母养老服务水平。杜勇敏（2013）提出，在社会养老保障体系中，要针对独生子女家庭设置专门的养老补助基金，以减少独生子女对父母未来养老安全的担忧，还要对不同经济地位的独生子女父母实行差别待遇。召希言等（2016）通过对北京城区首批独生子女家庭养老风险的研究提出，国家应投入大量的社会资源在全市有条件的地方建立养老福利机构，独生子女家庭的老人可免费或者交纳少量费用入住。在条件不具备的地方，社会养老责任应由国家、地方政府、机构和个人共同承担，以建立社会福利机构为主体、社区居家服务为基础的养老体系，这样可以很大程度上解决首批独生子女家庭的养老问题。

对于独生子女伤亡的家庭，政府和社会要采取相应的措施，根据不同的家庭情况，对他们的晚年生活给予妥善地安排，以减少他们的"失独"之痛，使其顺利地度过一生。丁志宏等（2016）提出，国家应出台"失独家庭"救助办法，利用国家财政资金，统一解决"失独家庭"的养老问题。丁仁船等（2013）认为，对于丧子的空巢家庭，由政府提供社区服务卡，接受社区帮扶。对于丧子丧偶的单人家庭应优先进入政府设立的养老机构，采用政府全额资助或者半额资助的形式帮助养老。秦秋红等（2014）提出，失独家庭的出现和失独老人养老问题的出现都是与计划生育政策紧密相连的，因此，政府应拿出一部分社会"抚养费"，专门用于失独家庭的经济扶助，以此解决失独老人的养老问题。龚钰淋等（2015）提出，失独家庭的养老需求具有明显的层次性，要对失独家庭进行摸底和评估，建立失独家庭档案，在普惠制的基础上提供个性化帮扶和保障服务。谢勇才（2016）提出，政府作为计划生育政策的决策者和实施者，理应在解决失独父母的养老问题中承担主导责任。由于计划生育政策所产生的社会效益为全社会享有，社会各界也应在解决失独父母的养老方面承担一定的责任。在解决失独家庭养老问题上，必须构建政府主导与多方分担的责任体系，要在充分发挥政府主导作用的基础上，引入社区、民间组织、社会工作机构，以及企业等社会力量参与，给失独家庭更多的养老选择。刘雪明等（2016）提出，地方政府有责任和义务调动各种社会资源，成立专业的心理咨询队伍，有针对性地开展心理诊疗服务，帮助失独的父母们缓解心理压力、解决心理问题、重建精神家园。

六、文献述评

独生子女家庭的大量出现是我国计划生育政策的结果，因此，独生子女和独生子女家庭养老是我国特有的社会问题。虽然国外也有独生子女家庭，但主要是自己选择的结果，又主要存在于发达国家，独生子女家庭数量没有我国这么庞大，同时，发达国家社会保障制度又很健全，因此，国外学者对独生子女家庭养老方面的研究不多。国内对独生子女家庭养老的研究主要集中在以下四个方面：一是独生子女父母养老方式和养老意愿的研究；二是子女数量和家庭养老支持的关系研究；三是独生子女家庭养老困难和风险的研究；四是独生子女父母养老模式重构研究。

随着大量的独生子女父母步入老年，独生子女家庭的养老问题会日益凸显，需要政府、社会、个人采取相应的措施进行应对。对于独生子女家庭养老的研究需要在以下三个方面进行深入的探讨：一是独生子女父母是为了国家利益牺牲个人利益的特殊群体，在他们养老遇到困难时，政府理应对他们给予特殊的照顾，因此对即将到来的大量独生子女父母养老问题，还需要研究政府和社会的应对之策；二是从代际支持的角度研究独生子女家庭养老，将独生子女父母与多子女父母养老方式和养老意愿进行对比研究，以寻求独生子女家庭养老的新途径；三是将城市独生子女家庭与农村独生子女家庭的养老方式和养老意愿进行对比研究，找出城市独生子女父母和农村独生子女父母养老需求的差别，以便政府和社会采取不同的措施来满足他们不同的养老需求。

我国养老保障的现状

第一节 我国代际支持家庭养老的现状

一、家庭养老的历史变迁

养老,是人类时代永恒的课题。随着时代的发展,国家越来越重视民生保障,将养老相关议题放在政策的重要位置。根据众多学者的研究,在多元化的养老保障体系中,家庭养老保障仍起主导作用。因此,对家庭养老保障悠久的历史渊源,根深蒂固的"孝文化"思想基础,以及社会经济基础进行相应的梳理,有助于更好地理解家庭养老的来源,清晰定位家庭养老在长期的历史发展过程中的作用。

(一)家庭养老的形成

我国的家庭养老伴随着古老的农业文明而产生的。在原始社会早期,由于生产生活资料并不富余,为了保证种群和新生命的生存和延续,逐渐丧失劳动能力的老人或者青年人会被家庭和社会所杀害或者抛弃,老人得不到晚年生活应有的保障和尊重。直到原始社会中后期,随着农业、畜牧业、种植业和手工业的发展,男性在生产生活中占据了主导地位，形成了父系社会。父权制极大地促进了生产的发展，剩余的物质资料足以养活老年人。父系社会形成的大家庭使得大家长拥有绝对的权威，在家庭史、婚姻史和养老史保存的血缘关系中，由于人们长期生活在一起，逐渐形成了互帮互相、互相关心的互助心理和自发的反哺行为。据《礼记·王制》中记载，"凡养老，有虞氏以燕礼，夏后氏以飨礼，殷人以食礼，周人修而兼用之。"在奴隶社会中，夏、商、周三个朝代的敬老宴，都要依据户籍来核实参加宴会老人的年龄。宴会的形式按照长幼序列排列，行尊老之礼。在大多数劳动的公众场合，当种族首领和无劳动能力的老年人无法参加劳动时，下一辈会按照长期形成的尊老文化对其进行赡养，当老人去世时仍以牛羊等牲畜进行陪葬，并按照血缘关系进行埋葬。这是最原始的敬老爱老习俗的由来。

中华人民共和国建立以前的2000多年，小农经济一直占据农业社会的主导地位，这一时期的生产力发展水平较低，农民依托主要土地和小型的手工业得以生存生活。在封闭的农业社会中，人们获取知识的途径和交往方式受到一定的局限性，传播农业知识和生活常识主要依靠年长者积累的经验，子女想要获得耕种和手工艺技术必须以赡养父母为代价。老年人的经验和智慧得到下一代的尊重和推崇，传统的"孝文化"有了合理的生存空间和正当理由。小农经济是家庭养老存在的经济基础，为保障家庭拥有足够的土地，各个朝代也颁布了相应的土地分配政策，如井田制和均田制等，政府通过土地政策稳固家庭养老的经济基础，为家庭养老提供物质保障。

（二）家庭养老的发展

封建社会中，社会统治者通过维持良好的政治秩序，从而达到保持自身统治地位的目的，主要通过治理家庭来束缚个人的思想和行为，将"孝文化"推崇到极高的位置，成为一切道德观念和行为的起点，成为封建伦理纲常的基础，由此在全社会范围内形成尊老敬老爱老的氛围和社会基本规范，孝顺父母和奉养老人也成为人们自觉遵守的义务和责任。孝道文化在长期的历史发展进程中得到不断的定义和拓展，儒家认为："孝为百行之冠，众善之始，是天之经也，地之义也，民之行也，德之本也"，所以儒家孝文化以人伦关系为起点，主张赡养父母以物质和精神相结合，从而界定家庭养老的内涵，即物质和精神两方面的奉养。也标志着先秦时期我国家庭养老保障的初步形成。儒家文化在中国历史发展进程中，始终占据着重要位置，不同的时代和不同的统治者都推崇孝文化以达到统治的目的，例如，明代的"以孝治天下"，君主以身作则，用自身行动影响百姓，从而推崇以孝治国文化理念的传播，在百姓心里树立德义形象，以此稳固国家政权。

在封建社会中，统治者不仅会通过"孝文化"来巩固自身的政权，还会颁布一系列政策法律法规来支持家庭养老的发展。据相关学者研究，政府为家庭养老提供最早的政策法令源于汉代的《王杖十简》和《王杖诏令册》。《王杖十简》明确指出，对年70以上的老人，全社会都要给予尊重。简中记载了汉宣帝说过的话："高皇帝以来，至本始二年（前72），朕甚哀怜耆老，高年赐王杖，上有鸟，使百姓望见之，比于节，吏民有敢骂詈、殴辱者，逆不道"。《王杖诏令册》还规定授王杖的老人，可以随便出入官府，可以在天子道上行走，在市场上做买卖可以不收税，触犯刑律如不是首犯可以不起诉。唐朝颁布《唐律》严禁子女与父母争夺家产，如"诸祖父母，父母在，而子孙别籍异财者，徒三年"，以此稳定家庭养老的经济基础。明代政府鼓励家庭养老，明太祖推行旌表，即古代君主推行封建德行的一种方式，对义夫、节妇、孝子、贤人，以及累世同居等大为推崇，通常由地方政府向朝廷申报，获准后赐予牌匾，以彰显名节。明太祖时期曾三次发布旌表令，对孝子进行表彰。明朝通过大力推进旌表政策，提倡孝义，用以鼓励民间家庭养老。到了清代，孝义养老成为国家意志，清朝统治者颁布"圣谕十六条"，在传承明代"孝治"的同时，又提出孝义理论。《圣谕广训》以儒家思想文化为基础，第十二条至第十六条主要为宣扬孝治理论，教化子民遵守孝道。从一定程度上来说，《圣谕广训》是清朝人们行孝的行为准则。

二、目前我国家庭养老的现状

家庭养老保障主要指具有血缘关系或配偶的家庭成员以家庭为载体，为老年人提供日常生活照料、经济供养和精神慰藉等养老保障和服务，满足老年人的基本生活需求。家庭养老是传统社会主要的养老模式，为解决社会养老问题作出了积极的贡献。基于血缘亲情关系的传统家庭养老方式在社会经济变迁中面临严峻的挑战，传统的家庭养老无法满足老年人多元化的养老需求，养老方式开始朝多元化方向发展。

（一）家庭养老保障地位和保障水平下降

在传统社会中，家庭养老居于核心地位，但由于经济社会变革、家庭结构变迁、孝道文化衰落和人口政策推行等原因，极大地推进了中国家庭的转型与变迁，使得处于绝对核心地位的单一家庭养老模式开始动摇，家庭养老由绝对主体向相对主体转变，其保障的内容也逐步减少，主要体现在以下几个方面。

1. 家庭结构的小型化使得家庭经济供养功能发生了变化

传统的农业社会，家庭具有经济和养老的重要功能，一个大家庭的收入主要靠子女劳动，加上传统的"养儿防老""多子多福"思想的影响，大多数家庭会养育更多子女来增加收入和保障老年生活。由于20世纪70年代末的计划生育政策的实施，加上经济社会的变革等，使得家庭结构发生了变化，由传统大家庭转变为小型家庭与核心家庭，家庭的小型化无法承担老人养老的责任，只能被迫选择其他养老方式。一方面，家庭结构的小型化给子女带来沉重的养老压力，例如，在农村地区，由于新型城镇化的快速发展，大量农村青壮年劳动力向城市转移，使得农村地区空巢化现象严重。外出务工子女经济状况得到一定程度的改善，但因为文化水平、物价、教育等现实因素使他们对老人的经济供养减少。另一方面，外出务工提高了家庭整体经济水平，但也出现家庭收入两极分化的现象，外出劳动力经济状况的改善是为老人提供经济支持的物质基础，不仅改善了生活质量水平，也增强了对家庭老人的经济供养能力。

2. 家庭养老服务功能趋于弱化

一方面，随着市场经济体制的建立，大量青壮年劳动力为了寻求更好的发展，由农村转向城市、由欠发达地区向发达地区迁移，城市和农村地区"老少分居"的现象越来越普遍，同时出现大量空巢老人、留守老人，这些老人的日常生活主要依靠自己和配偶，家庭的小型化导致难以为失能失智等无法自理的老年人提供照料服务，老人的生活质量下降。另一方面，家庭结构的小型化不仅使子女对老人的经济供养能力发生转变，也无法满足老人的精神慰藉需求。在独生子女政策下，年轻一代由于外出务工或是向经济发达地区迁移，而选择与老人分开居住，大多数子女因工作忙碌无法时常与老人交流，老年人的情感得不到满足，心情压抑而得不到释放，老年人容易产生精神和心理健康问题。

3. 孝道文化衰落

"孝文化"是中华民族宝贵的精神财富，尊老、敬老、爱老是中华民族的传统美德。我国传统家庭养老的显著特点就是"养儿防老"，重视儿子在家庭养老中的作用，传统孝道文化在农村家庭养老中起着规范和制约的作用。儒家伦理思想认为："夫孝，天之经也，地之义也，民之行也"[①]。改革开放以后，随着社会主义市场经济的发展和社会变迁，家庭结构的改变、代际区域距离的增加、人口流动

---

① （春秋）曾参，陈才俊，刘兆祥. 孝经全集［M］. 北京：海潮出版社，2011.

迁移对农村传统孝道文化造成冲击，尊老爱幼、敬爱父母、责任承担等中华民族的传统美德有所弱化。同时，经济水平的快速发展，使人们忽略了对传统文化道德建设的重视，造成孝文化传承的瓦解，这就导致家庭伦理日益淡薄，影响家庭关系的和谐，不利于形成爱老敬老的社会风气，影响家庭养老服务功能的质量，损害了原有的道德风貌。

（二）政府支持家庭养老政策的缺位

1. 政府责任划定不明确，政策碎片化倾向严重

目前，我国各级人民政府仍存在"政出多门"、职责划分不清等问题，在家庭养老保障政策上表现为：缺乏统一的政府机构对家庭养老保障政策进行规范和引导，政策手段较为单一，在政策实施过程中也会出现责任混乱、互相推诿的现象。由于各级政府责任划定不明确，使现有的家庭养老保障政策缺乏长远的规划，对家庭养老功能缺乏明确地界定，政策体系框架出现混乱，从而忽视"整体性家庭"政策模式的建立，家庭养老保障政策的有效性必然受到影响。政府在家庭养老保障政策上的"碎片化"具体体现为：一是，各级部门职责交叉与界限不明，以致出现政策制约或冲突的现象，例如，家庭养老保障政策涉及卫生健康、民政、老龄委等多个部门，但因缺乏统筹机构和协调联动机制，使家庭养老保障体系设计缺乏科学性和有效性，同时也呈现出多部门分散管理的局面。二是，部门分割的政策体系增加了资源整合和配置的难度，地方政府和各级部门在家庭养老保障政策具体落实过程中，缺乏长期战略眼光且未结合本地实际情况，只侧重支持发展社会养老保障而忽视家庭养老保障，使政策执行出现偏差，影响政策的整体效能。

2. 财政支持不足，对家庭养老资金投入微薄

政府在家庭养老保障中的重要作用就是为家庭养老保障制度顺利实施保驾护航，巩固家庭养老保障的核心地位，强化对承担家庭养老

责任主体的经济支持。可现实的情况是，制度衔接不顺畅，城乡和区域发展不平衡，家庭养老保障补贴待遇水平不合理等问题，使老年人家庭养老经济支持增长不稳定。近几年，一方面，政府加大了对家庭养老的补贴力度，但因物价的提升、多元化的养老需求、持续攀升的医疗费用等因素，使家庭养老保障资金与快速增长的物价相比，保障水平过低，各级政府补贴的资金很难满足家庭养老的基本养老功能。另一方面，基于家庭平均收入作为征收税基的家庭税发展不全面。现阶段，政府的税收政策并未将家庭人口负担和家庭规模作为税收减免和住房政策等制定的依据。各地区根据实际情况划分赡养费的标准，各级财政按照赡养费进行相应的补贴，从财政上承认家庭在赡养老人等责任方面付出的成本，但因各级政府普遍存在管理经费不足、人员配置不合理等问题，使得政府补贴的资金被管理机构因各种理由擅自挪用，导致政府补贴的资金较少，无法发挥其保障老年人晚年生活的作用。

3. 政府政策宣传和监督管理责任缺失

家庭养老保障功能核心地位的改变，除了社会经济的变革、家庭规模和结构的变化，以及政府责任缺失等原因外，另一个重要的原因是政府缺少对家庭养老的政策宣传及没有履行严格的监督管理职责。一方面，家庭养老功能日渐式微的主要原因是，各地区敬老爱老的社会大环境受到一定的冲击，各级基层政府未及时进行媒体宣传和政策动员。另一方面，随着城乡经济一体化的发展，社会经济发生了翻天覆地的变化，社会环境的变迁与发展使家庭养老面临严峻挑战，并由此引发了一系列道德问题。各地区在经济的融合和发展中，一方面，吸引了大量县域、村镇的农村青壮年进城就业，促使年轻一代价值观发生改变，由"尊老爱幼"向"重幼轻老"转变，普遍形成了"尊老不足，爱子有余"的现象。另一方面，孝道教育的缺位，使农村青年实用主义、金钱至上的价值观渗透到家庭养老模式中，影响传统家庭养老功能的发挥，阻碍全社会共同关心、支持老年人及家庭养老的文化环境建设。此外，我国自1999年进入老龄化社会以来，主要呈现老龄化、高龄化、空巢化等特征，由于政府职能界定不清，导致政府在积极应对老龄化方面，未能充分协调和整合民政、老龄委、医疗、劳动与社会保障等部门，对其进行人力、物力、财力的适当调配。而政府监督管理职能的缺失，导致家庭养老保障资金的补贴与使用无法做到定期公开收支明细，因而补贴资金被非法冒领和挪用的现象时有发生。同时，随着我国高龄老人和失能、失智老人人数的日益增长，基层政府和组织因自身职责范围有限及复杂的社会环境等因素，无法对家庭养老的服务质量和水平进行监督，家庭"虐老"现象时有发生。

（三）支持家庭养老的政策和法规不健全

1. 家庭养老支持政策供给不足

目前，为养老立法是各国政府的普遍做法，但我国未对家庭养老保障进行专门的立法。关于老年人权益保护、家庭赡养等方面的法律法规分散于《中华人民共和国民法总则》《中华人民共和国婚姻法》《中华人民共和国老年人权益保障法》（以下简称《老年人权益保障法》)、《中华人民共和国继承法》等法律之中，在一定程度上从法律角度保护了老年人的合法权益。政府所构建的家庭养老政策体系可以有效促进家庭养老功能的发挥，减轻社会养老的压力，实现"老有所养""老有所乐"。但目前我国出台的支持家庭养老的政策数量较少，多隐含在其他法律文件中，缺乏专门的法律依据。如《"十三五"国家老龄事业发展和养老体系建设规划》《老年人权益保障法》中明确提出支持建立家庭养老的政策体系，完善家庭养老支持政策，但对家庭养老的支持主要停留在政策理念层面上，系统全面性的、具体细化的家庭养老政策供给不足，使得地方政府、基层组织和家庭等主体在落实家庭赡养政策过程中，极易发生偏差。例如，《老年人权益保障法》中规定"常回家看看"条款，让空巢老人和选择机构养老的老人们得到子女的关心和精神安抚。但在具体的实施过程中，将督促子女履行赡养责任的任务交给赡养人的单位和村（居）委会，是没有立足点和法律法规依据的，且不符合常理。

2. 具体法律条文缺乏细化规定

一方面，生活照料方面缺乏法律指引。家庭养老保障制度中，对老年人最基本的赡养就是给予生活照料，子女和配偶是生活照料的主体。随着社会的变迁、家庭结构的变化和规模的缩小，以及20世纪70年代计划生育政策的实施等，使家庭结构的小型化与核心化取代了传统的大家庭，成为社会主流家庭结构。同时，伴随新型城镇化、工业化的快速发展，劳动力为谋求发展，由农村向城市转移、由欠发达地区向发达地区流动，使空巢化加剧，农村地区更甚。与传统社会不同，现代女性多选择进入社会工作，留下子女交给老年人照顾，这不仅使老人面临严重的照料缺失，照顾孙辈也加重了老年人的生活压力。我国法律法规仅对赡养义务人在照料方面的"衣食住行"做了笼统的规定，未能引进有效机制去监督赡养义务人依法履行义务，因而老年人的晚年生活质量难以得到保证。另一方面，精神赡养无明确界定尺度。根据马斯洛需求层次理论，当老年人满足基本的生活需求和物质需求时，会追求更高层次的需求，即精神需求。精神赡养主要指赡养义务人关注赡养权利人的情感和情绪状态，并积极采取行动满足赡养权力人的精神需求。我国2012年在修订的《老年人权益保障法》中首次关注了老人精神需求，精神赡养受到国家层面的重视，但我国法律法规对精神赡养的概念、内涵并没有明确的法律解释，精神赡养的法律规定也仅停留在"常回家看看"这一层面上，对精神赡养只做了原则性的规定，缺乏具体细化的规定，精神赡养的内容缺乏多样性和具体性。当生活中出现赡养义务人不履行精神慰藉的义务时，因精神赡养无明确的界定尺度，政府和相关部门很难依据法律条款对赡养义务人进行惩戒。

3. 家庭赡养的法律救济机制使用率不高

《老年人权益保障法》对保障老年人的合法权益做了许多规定。针对赡养义务人不履行赡养义务时，老人可以根据法律法规报送有关部门，运用法律武器保护自身合法权益。但在具体的实践过程中，老年人因身体和心理因素，难以有效表达自身诉求，维护自己的合法权益。在实践方面，随着年龄的增长，老人的身体机能、社会地位、经济能力不断降低，当老年人的子女侵害其合法权益时，老年人因经济困难无法诉讼、或身体状况不佳无法出庭，或法律意识淡薄难以举证。当子女不履行赡养义务、实施虐待行为时，老人无法向有关机构和有关部门进行反应，因而外界难以知道老年人的艰难处境，无法对其进行法律帮扶和救济。在心理方面，由于老年人始终坚信"家丑不可外扬""养儿防老"等传统思想，当老年人合法权益受到侵害时，老年人不愿意与子女对簿公堂，所以往往选择息事宁人，默默忍受子女的不孝行为。目前，我国对老年人合法权益法律救济主要有调解和诉讼两种手段，在实际的救济过程中，由于中国传统社会的"以和为贵"思想，以及法律鼓励调解等原因，致使在老年人权益救济机制中主要以调解为主，诉讼为辅。这不仅使包括诉讼在内的保护老年人合法权益等其他救济功能不断被弱化，而且还导致老年人家庭赡养的法律救济机制使用率不高。

第二节　我国社会养老的发展状况

目前，学者们从不同角度定义了社会养老保障的具体内涵，但仍未形成统一具体的标准。而社会养老保障会对老年人的生活产生一定的影响，也是社会经济制度的重要组成部分，为老年人的晚年生活提供了重要的保证。社会养老保障更多侧重于经济保障，是国家通过法律的形式对国民收入进行再分配或以储蓄的方式建立养老金，用于保障老年人晚年生活的社会保障制度。

一、我国社会养老保险制度的发展历程

我国社会养老保险制度的形成过程与社会经济体制改革相伴而行，社会经济的变革推动社会养老保险制度的变革，促使社会养老保险制度实现全覆盖。我国的社会养老保险制度是在吸收和借鉴国外先进经验的基础上建立起来的，符合我国的社会经济发展水平、人口老龄化和高龄化的基本国情。

（一）城镇职工基本养老保险制度

城镇职工基本养老保险的发展主要分为三个阶段：第一阶段，是计划经济阶段形成的国家保障模式，这一时期机关事业单位及国有企业职工不用缴纳养老保险金，退休职工按月领取退休金，且退休金由国家财政或者企业负担。第二阶段，是改革开放后为激发市场活力，国家进行的国有企业改革，缓解传统的国家保障模式导致的企业养老负担不平衡的问题，促进企业间的公平竞争。随后，在广州市、辽宁省黑山县、江苏省泰州市、四川省自贡市等地进行企业退休金统筹试点。20世纪90年代，国务院在退休金省级统筹试点的基础上，颁布了《关于企业职工养老保险制度改革的决定》，规定由企业、个人、政府三方共同负担养老保险费。随着社会主义市场经济体制的建立，城镇职工养老保险进行了相应的改革和完善，确立了社会统筹和个人账户相结合的模式，但社会统筹和个人账户具体的缴费比例尚未确定。1995年，国家开始完善城镇职工养老保险制度，国务院颁布了《关于深化企业职工养老保险制度改革的通知》，明确指出各地要实行社会统筹和个人账户相结合的模式，逐渐扩大基本养老保险的覆盖范围，将城镇职工养老保险的范围覆盖到除机关事业单位和国有企业之外的全体职工劳动者。第三阶段，是城镇职工基本养老保险进入完

善期。2009年，我国颁布相应的法律文件，允许职工基本养老保险关系跨地区、跨行业进行转移，极大地提高了流动人口参保的积极性，从而使参保职工的合法权益得到保障。

（二）城乡居民基本养老保险制度

20世纪90年代，国家开始建立农村社会养老保险试点，民政部在深入试点和总结经验的基础上，实施农村养老保险制度，即"老农保"，其资金来源由个人缴费为主，集体补助为辅，国家给予政策扶持。但由于"老农保"无法有效解决农民养老问题，加上筹资来源单一，以及保障水平较低等问题，无法实现统筹互济的功能，致使农村居民参保积极性较差，最终使"老农保"探索因受到限制而难以持续。因此，2009年，我国开始实施新型农村养老保险制度，即"新农保"，该制度实行社会统筹和个人账户相结合模式，筹资渠道多元化，即除个人缴费外，还有集体补助、政府补贴。"新农保"制度满足了农村居民的现实需求，极大地调动了农村居民参保的积极性，对建立和完善中国特色的社会养老保险体系具有重要的意义。继城镇职工基本养老保险制度和"新农保"制度建立之后，2011年，我国开始建立城镇居民社会养老保险制度，实行个人缴费、政府补贴相结合的城镇居民养老保险制度，即"城居保"，该制度采用社会统筹和个人账户相结合模式。"新农保"和"城居保"的实施标志着我国养老保险制度覆盖范围由工薪劳动者拓展为全体劳动年龄的人口，意味着养老保险制度实现了制度全覆盖，缓解了城乡二元养老保障体系带来的众多社会失衡问题，减缓了城乡居民养老金待遇逐年拉大的趋势。2014年，我国出台了《关于建立统一的城乡居民基本养老保险制度的意见》，该意见明确指出将"城居保"制度和"新农保"制度合并实施，建立统一的城乡居民基本养老保险制度。城乡居民基本养老保险制度的建立，打破了公共服务的城乡二元结构，有利于完善社会养老保险制度，进一步缩小城乡差距，体现社会公平。

(三) 机关事业单位养老保险制度改革

与城镇职工基本养老保险制度不同，我国机关事业单位基本养老保险制度从计划经济时期一直持续到2015年，在这一段时期内，机关事业单位职工基本养老保险一直是由国家财政负担，即机关事业单位和职工不需要缴费，退休职工由各级财政进行供养和保障，退休待遇稳定并逐年增长，这就是养老金的"双轨制"。进入21世纪后，养老金"双轨制"饱受社会诟病，也造成机关事业单位养老保险制度远远落后于城镇职工养老保险制度和城乡居民养老保险制度。随着全面深化改革任务的提出，取消不公平的养老保险"双轨制"的呼声渐高。同时，2014年，国务院提出探索实施事业单位职工缴费的改革思路，即"一个统一，五个同步"，从制度和机制上化解了"双轨制"的矛盾。党的十八大明确指出，对机关事业单位养老保险制度改革。2015年，国家颁布《关于机关事业单位工作人员养老保险制度改革的决定》和《机关事业单位职业年金试行办法》，规定从2014年10月1日起，对机关事业单位的养老保险进行改革，这标志着机关事业单位养老保险并轨进入实操阶段，也规定了机关事业单位工作人员同城镇职工一样履行缴纳社会保险费的义务，实行单位、个人双方负担的缴费机制，但机关事业单位基本养老保险基金单独建账，与城镇职工养老保险基金分别管理使用。这一政策的出台终结了我国养老保险的"双轨制"，是我国社会养老保险制度改革的重要举措。

二、社会化养老的发展现状

(一) 社会养老保险的覆盖范围日益扩大

社会养老保险是老年人晚年生活经济来源的重要保障，也是养老保障体系的基础部分。随着社会保险制度的改革和完善，社会养老保险保障的范围逐渐扩大，参保人数呈现井喷式发展状态。根据国家统计局《人力资源和社会保障事业发展统计公报》数据得知：2012 年，我国参加城镇职工基本养老保险的人数为 3.04 亿人，参加城乡居民社会养老保险的人数为 4.83 亿人。自 2012 年以来，随着"新农保"政策的实施和"城居保"的试点，社会养老保险保障的范围逐渐扩大，保障群体更加全面，参加城乡居民社会养老保险的人数逐年增长。截至 2020 年底，全国参加城镇职工基本养老保险的人数为 4.56 亿人，城乡居民基本养老保险参保人数是 5.42 亿人，我国参加社会基本养老保险的总人数为 9.98 亿人。除此之外，社会养老保险制度将农民工和灵活就业者等新型群体纳入城镇职工基本养老保险体系，农民工参加城镇职工养老保险人数不断上升，由 2012 年的 0.45 亿人增加到 2017 年的 0.62 亿人（见表 2-1）。

表 2-1　　　　2012~2020 年参加社会基本养老保险人数　　　单位：亿人

年份	参加城镇职工基本养老保险人数	参加城乡居民基本养老保险人数	农民工参加城镇职工基本养老保险人数
2012	3.04	4.84	0.45
2013	3.22	4.98	0.49
2014	3.41	5.01	0.55
2015	3.54	5.05	0.56
2016	3.79	5.08	0.59
2017	4.03	5.13	0.62
2018	4.19	5.24	—
2019	4.35	5.33	—
2020	4.56	5.42	—

注：2017 年以后，人力资源与社会保障部不再公布农民工参加城镇职工基本养老保险的人数。
资料来源：2012~2020 年《人力资源和社会保障事业发展统计公报》。

（二）社会养老保险保障水平显著提高

随着社会养老保险保障的覆盖面不断扩大和缴费标准逐步规范及

统一，我国基本养老保险基金收支规模逐年递增，基金累计结余金额也越来越大。根据《2020年人力资源和社会保障事业发展统计公报》显示：2020年末，我国基本养老保险基金收入为49229亿元，同期支出为54656亿元，当年出现5427亿元的赤字，年末基金累计结余为58075亿元。从基金收支情况来看，当年已出现收不抵支的情况，主要的原因是城镇职工基本养老保险出现当年支出大于收入。通过对2009~2018年《人力资源和社会保障事业发展统计公报》数据整理得知，2009年我国城镇职工基本养老保险平均待遇水平约为1334元/月，我国城乡居民养老金待遇水平约为61元/月。到2018年，我国城镇职工养老金水平约为3260元/月，我国城乡居民养老金水平约为154元/月。与2009年相比，我国城镇职工养老金待遇提高了1926元/月，我国城乡居民养老金待遇提高了93元/月。虽然不同的养老保险制度保障水平不一，但随着社会养老保险制度的不断完善和发展，城乡居民和城镇职工领取的养老保险待遇水平总体呈现稳定上升的趋势，养老保险保障水平不断提高。

（三）最低生活保障制度由保基本向"兜底"发展

最低生活保障（简称"低保"）制度主要指国家对家庭人均年收入低于当地政府公布的最低生活标准的人口，给予一定现金资助，以保证该家庭成员基本生活所需的社会保障制度。最低生活保障制度是社会救助中一项最重要的保障制度，有助于缓解贫困老人的生存危机，也利于老年人的福利建设。随着"脱贫攻坚"任务的收官，年轻的贫困人口通过一系列政策扶持和就业帮扶实现了脱贫，但贫困老年人口中大多体弱多病、无经济来源，同时医疗保障和养老保障不健全，因此他们的脱贫面临很大困难，而最低生活保障制度作为一项社会福利帮扶措施对城乡老年人口具有重要的减贫效应。1999年，《城市居民最低生活保障条例》颁布实施，标志着城市居民最低生活保障制度正式建立。2007年，农村居民最低生活保障制度在全国范围内建立。2011年财政部、民政部等部门在联合发布的《关于进一步规范城乡居民最低生活保障标准制定和调整工作的指导意见》中明确提出,"推进最低生活保障制度统筹发展",城乡居民最低生活保障(以下简称"城乡低保")一体化是未来最低生活保障制度的重要发展方向。城乡低保政策的有效实施,有助于保障城乡低收入群体,特别是贫困老人的生活,对实现全面小康社会具有重要的"兜底"作用。

(四)最低生活保障制度更加规范,保障水平提高

20世纪90年代初,我国开始对最低生活保障制度进行探索,但在探索和完善过程中也出现了一些问题,如"人情保""轮保""腐败保""漏保",以及"维稳的治理保"等现象时有发生,一定程度上影响了最低生活保障制度的顺利运行和健康发展,这在一定程度上也损害了贫困老人的合法权益。随着脱贫攻坚项目的开展,农村地区也开始对扶贫过程中出现的各种问题进行了专项整治活动,对不良风气、腐败问题,以及不公平现象进行了集中整治,以助力老年人实现脱贫。近年来,国家通过一系列措施和技术治理,使最低生活保障制度更加规范化、技术化、程序化和民主化。

在新的历史背景下,我国政府将农村低保制度和扶贫开发相衔接,实现了农村低保和国家扶贫标准的"两线合一"。根据1999～2019年《社会服务发展统计公报》和《中国民政统计年鉴》的相关数据显示,城市低保制度覆盖人数从1999年的256.9万人,增加到2019年的860.9万人;农村低保的覆盖人数,从2007年的3566.3万人,减少到2019年的3455.4万人,2019年城乡低保覆盖人数总和达到4316.3万人。在保障水平方面,城市最低生活保障标准由2007年的每人每月182.4元,提高至2019年的每人每月624元,与2007年相比,城市低保标准每人每月平均提高了441.6元;农村最低生活保障标准由2007年的每人每月70元,提高至2019年每人每月 444.6 元，与 2007 年相比，农村低保标准每人每月平均提高了 374.6 元。总体上看，城市最低生活保障制度的覆盖范围在不断扩大，城乡最低生活保障水平虽有一定的差距，但城市低保和农村低保水平均呈现稳定上升的趋势，保障水平逐步提高，切实保障了我国城乡贫困老人的基本生活，有助于保障老年人的生存权，体现社会公平。

三、养老机构和床位供需矛盾突出

（一）养老机构数量和床位供不应求

2000 年，我国开始进入老龄化社会。截至 2019 年末，我国 60 周岁及以上人口达到 2.54 亿人，占总人口的 18.1%，65 周岁及以上人口约 1.76 亿人，占总人口的 12.6%。从目前的发展趋势来看，未来中国老龄化速度还会加快，预计到 2030 年之后，65 岁及以上人口占总人口的比重或超过 20%，届时中国将会进入重度老龄化社会。从以上数据可以看出，我国老龄化程度正在不断加深，在家庭养老无法满足多元化养老需求的情况下，机构养老作为一种新的养老模式受到社会的普遍关注。

目前，我国养老机构规模普遍较小，虽然机构数量增长迅速，但床位增长相对缓慢。2018 年和 2019 年，民政部发布的《民政事业发展统计公报》显示，2018 年，我国各类养老机构和设施总量达到 17 万个，其中注册登记的养老机构数量为 3 万个，各类养老床位共746.3 万张，平均每千名老人拥有养老床位 29.15 张；2019 年，我国有注册登记的养老机构 3.4 万个，各类养老床位共计 761.4 万张，平均每千名老年人拥有 31 张养老床位。

我国养老机构床位数量从 2011 年的 353 万张增加至 2019 年的 761.4 万张。2019 年我国千人养老床位 31 张，低于"十三五"规划提出的每千人拥有养老床位 35~40 张的目标。随着老龄化速度的加快，我国养老机构床位缺口正在逐渐扩大，2018 年我国养老机构床位缺口为 914 万张，同比增长 9.1%。根据国际上的划分标准，我国养老床位占老年人口数量的比重仅为 1.6%，与发展中国家的 5% 和发达国家的 6%~7% 相比，差距仍然很大。由此可见，我国养老床位总量虽呈现增长趋势，但与我国老年人口数量相比，养老床位在总量上依然供不应求（见表 2-2）。

表 2-2　2011~2019 年各类养老机构床位数、每千名老人拥有床位数

年份	各类养老机构床位数（万张）	各类养老机构床位增长率（%）	每千名老人拥有床位数（张）	每千名老人拥有床位数增长率（%）
2011	353	—	19	—
2012	417	18.13	22	15.79
2013	494	18.47	24	9.09
2014	578	16.96	27	13.33
2015	673	16.42	30	11.43
2016	730	8.55	32	4.32
2017	745	2.00	31	-2.21
2018	746	0.20	30	-2.98
2019	761	2.02	31	3.33

资料来源：2011~2019 年《社会服务发展统计公报》和《中国民政统计年鉴》。

（二）养老服务人员数量少，且服务水平低

2019 年，民政部印发的《全国民政人才中长期发展规划（2010~2020 年）》指出，为培养结构合理，素质优良的民政人才队伍，实现养老护理人员数量从 2010 年的 3 万人发展到 2020 年的 600 万人的目标。《养老护理员国家职业技能标准（2019 年版）》指出，要加快养老服务人才体系建设，增强养护人员职业吸引力。确保到 2022 年底前培养培训 1 万名养老院院长、200 万名养老护理员、10 万名专兼职老年社会工

作者，保障养老服务人员的数量持续增长。由于我国养老护理人员的执业资格制度实施时间较短，当前我国养老服务人员的数量仅 60 万人，持证上岗的养老护理人员不足 10 万人，而我国失能、半失能老年人数量约为 4000 万人，养老护理人员与需要护理的老年人数量相比，存在巨大护理人员缺口。除此之外，我国的专业护士、康复师、理疗师、心理咨询师等养老专业人才缺口也非常大，不能满足多元化的"健康老龄"社会发展的实际需求。由此可见，我国养老护理人员极度短缺。

目前，我国多数养老机构的护理人员主要来自农村地区，大多数是家庭妇女或是中老年人，他们的文化水平较低，在上岗之前并未接受过专业的护理培训或相关指导，只能满足老年人的基本生活需求，无法为老年人提供精神慰藉、心理健康咨询等专业化的养老服务。在养老护理人员的培训上，我国养老服务人才培养体系不健全，师资力量薄弱，缺乏专业护理人才和专业带头人。当前我国鼓励高等院校开设养老护理专业，仅有部分高职院校开设了养老护理专业，但却少有学生主动选择此专业，使得养老护理专业人才数量和质量都难以保证。加之我国对养老护理人员没有明确的岗位分工，工作庞杂和工作量繁重，影响专业人才的职业规划，并制约了更多专业人才加入养老护理人员的队伍。

第三章 城乡独生子女父母和多子女父母养老差别的描述性统计分析*

第一节 数据来源与样本的基本情况

一、数据来源

2017~2018年,课题主持人在寒暑假期间组织硕士生和本科生,在东、中、西部地区的江苏省、浙江省、山东省、安徽省、湖南省内10个市的20个区(县),对50岁以上的独生子女父母和60岁以上的多子女父母进行随机抽样调查,共发放调查问卷790份,其中有效问卷720份,问卷的有效率为91.14%。在有效样本中,独生子女家庭样本261份,多子女家庭样本459份;城市家庭样本237份,农村家庭样本483份。

二、样本的总体情况

在720份有效问卷中,独生子女家庭261个,占36.2%,多子女家庭459个,占63.8%;农村家庭483个,占67.1%,城市家庭237

---

* 本书第三章、第四章的数据来源均为笔者调研所得,文中不再赘述。

个,占 32.9%;男性 405 人,占 56.2%,女性 315 人,占 43.8%;年龄为 51~60 岁的 158 人,占 21.9%,61~70 岁的 299 人,占 41.5%,71~80 岁的 177 人,占 24.6%,80 岁以上的 86 人,占 11.9%;在机关事业单位工作的 92 人,占 12.8%,在国企工作的 71 人,占 9.9%,在私企工作的 56 人,占 7.8%,个体的 152 人,占 21.1%,其他的为 349 人,占 48.5%;文化程度是文盲的 142 人,占 19.7%,小学文化程度的 242 人,占 33.6%,初中文化程度的 188 人,占 26.1%,高中文化程度的 76 人,占 10.6%,大专文化程度的 47 人,占 6.5%,本科及以上文化程度的 25 人,占 3.5%;单身或丧偶的是 173 人,占 24%,有配偶的是 547 人,占 76%(见表 3-1)。

表 3-1　　　　　　　　　样本的基本情况

指标	分类	频数（人）		有效占比（%）		累计占比（%）	
	总计	261	459	100.0	100.0	100.0	100.0
	子女个数	独生	多子女	独生	多子女	独生	多子女
户口	农村	142	341	54.4	74.3	54.4	74.3
	城镇	119	118	45.6	25.7	100.0	100.0
性别	男	158	247	60.5	53.8	60.5	53.8
	女	103	212	39.5	46.2	100.0	100.0
年龄	51~60 岁	101	57	38.7	12.4	38.7	12.4
	61~70 岁	132	167	50.6	36.4	89.3	48.8
	71~80 岁	18	159	6.9	34.6	96.2	83.4
	80 岁以上	10	76	3.8	16.6	100.0	100.0
单位性质	机关和事业单位	55	37	21.1	8.1	21.1	8.1
	国企	33	38	12.6	8.3	33.7	16.3
	私企	29	27	11.1	5.9	44.8	22.2
	个体	57	95	21.8	20.7	66.7	42.9
	其他	87	262	33.3	57.1	100.0	100.0

第三章 城乡独生子女父母和多子女父母养老差别的描述性统计分析

续表

指标	分类	频数（人）		有效占比（%）		累计占比（%）	
总计		261	459	100.0	100.0	100.0	100.0
子女个数		独生	多子女	独生	多子女	独生	多子女
文化程度	文盲	25	117	9.6	25.5	9.6	25.5
	小学	64	178	24.5	38.8	34.1	64.3
	初中	89	99	34.1	21.6	68.2	85.8
	高中	36	40	13.8	8.7	82.0	94.6
	大专	27	20	10.3	4.4	92.3	98.9
	本科及以上	20	5	7.7	1.1	100.0	100.0
单身与否	是	44	129	16.9	28.1	16.9	28.1
	否	217	330	83.1	71.9	100.0	100.0
子女年龄	10岁及以下	0	1	0	0.2	0	0.2
	11~20岁	11	26	4.2	5.7	4.2	5.9
	21~30岁	137	107	52.5	23.3	56.7	29.2
	31~40岁	85	130	32.6	28.3	89.3	57.5
	40岁以上	28	195	10.7	42.5	100.0	100.0
子女最高学历	小学	6	36	2.3	7.8	2.3	7.8
	中学	66	176	25.3	38.3	27.6	46.2
	大专	59	88	22.6	19.2	50.2	65.4
	本科	90	112	34.5	24.4	84.7	89.8
	硕士及以上	40	47	15.3	10.2	100.0	100.0
子女是否工作	上学	41	18	15.7	3.9	15.7	3.9
	工作	202	371	77.4	80.8	93.1	84.7
	其他	18	36	6.9	7.8	100.0	92.6
	还有上学的子女	0	34	0	7.4	100.0	100.0

第二节　城市独生子女父母和多子女父母养老的差别

一、城市样本的基本情况

在对237份城市样本统计后,得出城市样本的基本情况。从表3-2我们可以看出:在237份有效问卷中,独生子女家庭119人,占50.2%,

表3-2　　　　　　　城市样本的基本情况

指标	分类	频数(人)		有效占比(%)		合计	
总计		119	118	100.00	100.00	237	100.00
子女个数		独生子女	多子女	独生子女	多子女	频数(人)	占比(%)
性别	男	66	66	50.0	50.0	132	55.7
	女	53	52	50.5	49.5	105	44.3
年龄	51~60岁	6	4	60.0	40.0	10	4.2
	61~70岁	100	36	73.5	26.5	136	57.4
	71~80岁	10	52	16.1	83.9	62	26.2
	80岁以上	3	26	10.3	89.7	29	12.2
单位性质	机关事业单位	45	18	71.4	28.6	63	26.6
	国企	29	30	49.2	50.9	59	24.9
	私企	22	13	62.9	37.1	35	14.8
	个体	14	32	30.4	69.6	46	19.4
	其他	9	25	26.5	73.5	34	14.4
文化程度	文盲	5	16	23.8	76.2	21	8.9
	小学	8	33	19.5	80.5	41	17.3
	初中	39	33	54.2	45.8	72	30.4
	高中	25	22	53.2	46.8	47	19.8
	大专	24	12	66.7	33.3	36	15.2
	本科及以上	18	2	90.0	10.0	20	8.4

第三章 城乡独生子女父母和多子女父母养老差别的描述性统计分析

续表

指标	分类	频数（人）		有效占比（%）		合计	
	总计	119	118	100.00	100.00	237	100.00
	子女个数	独生子女	多子女	独生子女	多子女	频数（人）	占比（%）
单身与否	是	20	29	40.8	59.2	49	20.7
	否	99	89	52.7	47.3	188	79.3

多子女家庭118人，占49.8%；男性132人，占55.7%，女性105人，占44.3%；51~60岁10人，占4.2%，61~70岁136人，占57.4%，71~80岁62人，占26.2%，80岁以上29人，占12.2%；工作单位为机关事业单位的63人，占26.6%，国企59人，占24.9%，私企35人，占14.8%，个体46人，占19.4%，其他34人，占14.3%；文化程度是文盲的21人，占8.9%，小学文化程度41人，占17.3%，初中文化程度72人，占30.4%，高中文化程度47人，占19.8%，大专文化程度36人，占15.2%，本科及以上文化程度20人，占8.4%；单身的49人，占20.7%，有配偶的188人，占79.3%。

二、城市独生子女父母与多子女父母养老的差别

课题组运用SPSS20.0软件对237份城市有效样本进行统计，采用交叉表的方式，对比研究了城市父母和已婚子女的居住方式、养老资金保障、生活和生病照顾主体、精神慰藉、养老意愿等多个方面。

（一）城市父母和已婚子女的居住方式

在"城市父母和已婚子女居住方式"的选项中，我们设置了与自己共居、与自己及配偶共居、子女单独居住、与一个子女共居（多子女）、与多个子女共居五个选项（见表3-3）。

表 3-3　　　　　　　子女数与父母和已婚子女居住方式交叉表

子女数		独生子女			多子女		
		频数（人）	占比（%）	累计占比（%）	频数（人）	占比（%）	累计占比（%）
父母和已婚子女居住方式	与自己共居	15	16.5	16.5	18	15.3	15.3
	与自己及配偶共居	26	28.6	45.1	19	16.1	31.4
	子女单独居住	50	54.9	100.0	60	50.8	82.2
	与一个子女共居（多子女）	0	0	100.0	20	16.9	99.2
	与多个子女共居	0	0	100.0	1	0.8	100.0
	合计	91	100.0	—	118	100.0	—

从表 3-3 可以看出：城市 119 名独生子女家庭中有 91 人已婚，118 名多子女家庭中子女全部已婚，因此只对比分析已婚的子女与父母居住的情况。在已婚的独生子女中，有 15 人与父母中的一人共居，占 16.5%，已婚的多子女与父母中的一人共居有 18 人，占 15.3%，两者相差 1.2%；自己及配偶与已婚子女共居中，独生子女父母有 26 人，占 28.6%，多子女父母有 19 人，占 16.1%，独生子女父母比多子女父母的占比高了 12.5%；已婚子女单独居住中，独生子女父母有 50 人，占 54.9%，多子女父母有 60 人，占 50.8%，独生子女父母比多子女父母的占比高了 4.1%；在与一个已婚子女共居和与多个已婚子女共居的两个选项中，多子女父母分别是 20 人和 1 人，分别占 16.9% 和 0.8%。也就是说，已婚的独生子女有 45.1% 与父母一方或父母双方共居，已婚多子女与父母一方或父母双方共居的比例是 49.1%，多子女的比例高于独生子女。由此得出，城市已婚的独生子女父母与子女居住的比例低于已婚多子女父母。

（二）城市父母的养老资金保障

对于城市父母的养老资金保障，我们主要从生活费的来源、子女的年经济供养额和是否参加养老保险三个方面分析。

第三章 城乡独生子女父母和多子女父母养老差别的描述性统计分析

1. 城市父母的生活费来源

在"城市父母生活费来源"的选项中,我们设置了工资、配偶、种地、子女、养老金、社会救助、其他七个选项,这是一个多项选择,因此选项的总频数大于样本数(见表3-4)。

表3-4　　　　　　　子女数与父母的生活费来源交叉表

子女数		独生子女			多子女		
		频数(人)	选项占频数的比例(%)	选项占样本的比例(%)	频数(人)	选项占频数的比例(%)	选项占样本的比例(%)
父母的生活费来源	工资	79	35.4	66.4	49	19.9	41.5
	配偶	34	15.2	28.6	23	9.3	19.5
	种地	0	0	0	5	2.0	4.2
	子女	29	13.0	24.4	55	22.4	46.6
	养老金	50	22.4	42.0	74	30.1	62.7
	社会救助	4	1.8	3.4	11	4.5	9.3
	其他	27	12.1	22.7	29	11.8	24.6

根据表3-4我们主要从选项占总频数的百分比和选项占样本的百分比两个指标,对比分析独生子女父母和多子女父母的生活费来源。从生活费来源来看,无论是选项占频数的百分比,还是选项占样本的百分比,独生子女父母生活费来源于工资收入和配偶的比重分别是35.4%、66.4%和15.2、28.6%,均高于多子女父母的19.9%、41.5%和9.3%、19.5%;独生子女父母生活费来源于种地、子女、养老金和社会救助的比例均低于多子女父母。结合表3-2分析,可能的原因是独生子女父母没有达到退休年龄的比例高于多子女父母,所以他们生活费来源于工资的比例较高,又因为独生子女父母在机关事业单位和企业工作的比例高于多子女父母,所以生活费来源于配偶的比例高于多子女父母。

2. 城市子女对父母的年经济供养额

在"城市子女对父母年经济供养额"的选项中，我们设置了0、1~2000元、2001~5000元、5001~8000元、8000元以上五个档次（见表3-5）。

表3-5　　　　子女数与子女对父母的年供养额交叉表

子女数		独生子女			多子女		
		频数（人）	占比（%）	累计占比（%）	频数（人）	占比（%）	累计占比（%）
子女对父母的年供养额	0	63	52.9	52.9	34	28.8	28.8
	1~2000元	14	11.8	64.7	23	19.5	48.3
	2001~5000元	17	14.3	79.0	27	22.9	71.2
	5001~8000元	14	11.8	90.8	17	14.4	85.6
	8000元以上	11	9.2	100.0	17	14.4	100.0
	合计	119	100.0	—	118	100.0	—

从表3-5可以看出：有52.9%的城市独生子女对父母没有进行经济供养，而多子女对父母没有进行经济供养的比例为28.8%，独生子女比多子女高了24.1%；对父母的年经济供养额5000元以下的独生子女累计达到79%，多子女累计是71.2%，独生子女比多子女高了7.8%；对父母的年经济供养额在5001~8000元和8000元以上的档次中，独生子女分别是11.8%和9.2%，低于多子女的14.4%和14.4%。这说明多子女对父母的年经济供养额高于独生子女，结合表3-2进行分析得知，独生子女父母在机关事业单位和国企、私企工作的比例均高于多子女父母，他们的收入较高，不需要子女的经济支持，也有可能是因为一个子女的供养能力不足，或者子女还没有工作，没有能力对父母进行经济供养。

3. 城市父母是否参加养老保险

对于城市父母是否参加养老保险，我们设置了参加和未参加两个选项（见表3-6）。

表3-6　　　　　子女数与父母是否参加养老保险交叉表

子女数		独生子女			多子女		
		频数（人）	占比（%）	累计占比（%）	频数（人）	占比（%）	累计占比（%）
养老保险	参加	110	92.4	92.4	93	78.8	78.8
	未参加	9	7.6	100.0	25	21.2	100.0
	合计	119	100.0	—	118	100.0	—

从表3-6我们可以看出：城市独生子女父母参加养老保险的比例是92.4%，高于多子女父母的78.8%，没有参加养老保险的独生子女父母是7.6%，低于多子女父母的21.2%。由此说明，有一小部分独生子女父母在达到退休年龄时无法领取养老金，如果配偶有足够的养老金可以由配偶供养，如果配偶的养老金不足或配偶也没有养老金，则只能由唯一的子女赡养；虽然有1/5的多子女父母在达到退休年龄时也无法领取养老金，但他们可以由配偶供养或几个子女共同赡养。

上述三个方面的研究表明：城市独生子女父母的生活费来源主要是自己和配偶，而多子女父母主要是自己和子女；多子女对父母的经济供养额高于独生子女；独生子女父母参加养老保险的比例高于多子女父母。也就是说，独生子女父母如果没有参加养老保险，他们在年老以后既没有养老金可以领取，也无法从子女那里得到足够的经济赡养，他们的养老资金就无法保障。

（三）城市父母的生活和生病照顾主体

1. 城市父母的生活照顾主体

在城市父母的生活照顾主体中，我们设置了自己、配偶、子女、孙子女、其他人五个选项（见表3-7）。

表 3-7　　　　　　　子女数与父母生活照顾主体交叉表

子女数		独生子女			多子女		
		频数（人）	占比（%）	累计占比（%）	频数（人）	占比（%）	累计占比（%）
生活照料主体	自己	56	47.1	47.1	51	43.2	43.2
	配偶	48	40.3	87.4	47	39.8	83.1
	子女	8	6.7	94.1	17	14.4	97.5
	孙子女	6	5.0	99.2	0	0	97.5
	其他	1	0.8	100.0	3	2.5	100.0
	合计	119	100.0	—	118	100.0	—

从表 3-7 可以看出：在城市父母的生活照顾主体中，由自己和配偶照顾的独生子女父母是 87.4%，多子女父母是 83.1%，独生子女父母比多子女父母高了 4.3%；由子女照顾的独生子女父母是 6.7%，而多子女父母是 14.4%，独生子女父母比多子女父母低了 7.7%；由孙子女和其他人照顾的独生子女父母分别是 5% 和 0.8%，多子女父母分别是 0% 和 2.5%。这说明独生子女父母的生活照顾主体主要是自己和配偶，由子女照顾的比例很低，虽然多子女父母的生活照顾主体主要也是自己和配偶，但是由子女照顾的比例在 10% 以上，高于独生子女父母。

2. 城市父母的生病照顾主体

在"城市父母生病照顾主体"的选项中，我们设置了自己、配偶、子女、孙子女、其他人五个选项（见表 3-8）。

从表 3-8 可以看出：在城市父母的生病照顾主体中，由自己和配偶照顾的独生子女父母是 79.8%，多子女父母是 55.9%，独生子女父母比多子女父母的比例高了 23.9%；由子女照顾的独生子女父母是 18.5%，多子女父母达到 41.5%，独生子女父母比多子女父母比例低了 23%；由孙子女照顾的独生子女父母是 0.8%，高于多子女父母的 0%，由其他人照顾的独生子女父母是 0.8%，多子女父母是

2.5%。这说明独生子女父母即使在生病的时候由子女照顾的比例也不到1/5,在生病时有四成多的多子女父母是由子女照顾的。

表3-8　　　　　　子女数与父母生病照顾主体交叉表

子女数		独生子女			多子女		
		频数(人)	占比(%)	累计占比(%)	频数(人)	占比(%)	累计占比(%)
生病照料主体	自己	15	12.6	12.6	15	12.7	12.7
	配偶	80	67.2	79.8	51	43.2	55.9
	子女	22	18.5	98.3	49	41.5	97.5
	孙子女	1	0.8	99.2	0	0	97.5
	其他人	1	0.8	100.0	3	2.5	100.0
	合计	119	100.0	—	118	100.0	—

上述研究表明:无论是生活照顾还是生病照顾,城市的独生子女父母和多子女父母的生活和生病照顾主要是由自己和配偶承担,但是多子女父母的生活和生病照顾主体是子女的比例均高于独生子女父母,特别是在生病时,有四成多的多子女父母是由子女照顾的,而独生子女父母在生病时由子女照顾的比例还不到1/5。

(四)城市父母的精神慰藉

对于城市父母的精神慰藉,我们主要从闲暇时间的安排、父母与子女见面的频率、父母与子女的关系和是否感到孤独四个方面分析。

1. 城市父母的闲暇时间安排

在"城市父母的闲暇时间安排"的选项上,我们设置了看电视或听收音机、下棋或打牌、聊天、跳广场舞、上老年大学、旅游、其他七个选项,这是一个多项选择,选项的总频数大于样本数。我们主要从选项占总频数的百分比和选项占样本的百分比两个方面进行对比分析(见表3-9)。

表 3-9　　　　　　　子女数与父母闲暇时间安排交叉表

子女数		独生子女			多子女		
		频数（人）	选项占频数的比例（%）	选项占样本的比例（%）	频数（人）	选项占频数的比例（%）	选项占样本的比例（%）
闲暇时间安排	看电视或听收音机	88	27.1	73.9	83	33.6	70.3
	下棋或打牌	64	19.7	53.8	40	16.2	33.9
	聊天	69	21.2	58.0	66	26.7	55.9
	跳广场舞	24	7.4	20.2	16	6.5	13.6
	上老年大学	8	2.5	6.7	3	1.2	2.5
	旅游	48	14.8	40.3	7	2.8	5.9
	其他	24	7.4	20.2	32	13.0	27.1

从表 3-9 可以看出：城市独生子女父母在看电视或听收音机、下棋或打牌、聊天、跳广场舞、上老年大学、旅游的六个选项中，选项占样本的百分比均高于多子女父母，特别是下棋或打牌、跳广场舞、上老年大学、旅游的四个选项分别占总频数的百分比中，独生子女父母均高于多子女父母。这说明独生子女父母的闲暇生活安排得更丰富，主要是因为独生子女父母的孩子少、家务劳动也少于多子女父母，他们有更多的时间休闲娱乐。同时，独生子女父母的生活费来源占比较高的是工资和养老金，他们有经济能力上老年大学和旅游，而多子女父母的生活费来源占比较高的是养老金和子女供养，对于子女给的"养老钱"，他们主要用来日常生活和看病，不太可能用于上老年大学和旅游。

2. 城市父母与子女见面的频率

在"城市父母与子女见面频率"的选项中，我们设置了每天、每周、每月、半年、一年、一年以上六个选项（见表 3-10）。

从表 3-10 可以看出：在每天、每周和每月子女与父母见面的比例中，城市独生子女父母共有 80.7%，多子女父母共有 94.1%，独生子女父母低于多子女父母 13.4%，半年和一年与子女见面的独生子女父母分别是 15.1%、3.4%，多子女父母是 3.4%、1.7%，独生子女父母高于多子女父母。这说明独生子女父母见面的频率总体低于多子女父母，因为多子女父母有两个及以上的孩子，如果见不到其中一个孩子，可能见到其他的孩子，独生子女父母就一个孩子，如果孩子求学或者工作忙就无法经常和父母见面。

表 3 - 10　　　　子女数与父母和子女见面频率交叉表

子女数		独生子女			多子女		
		频数（人）	占比（%）	累计占比（%）	频数（人）	占比（%）	累计占比（%）
父母与子女见面频率	每天	47	39.5	39.5	44	37.3	37.3
	每周	32	26.9	66.4	46	39.0	76.3
	每月	17	14.3	80.7	21	17.8	94.1
	半年	18	15.1	95.8	4	3.4	97.5
	一年	4	3.4	99.2	2	1.7	99.2
	一年以上	1	0.8	100.0	1	0.8	100.0
	合计	119	100.0	—	118	100.0	—

3. 城市父母与子女的关系

在"城市父母与子女关系"的选项中，我们设置了紧张、一般、好三个选项（见表 3 - 11）。

表 3 - 11　　　　子女数与父母和子女关系交叉表

子女数		独生子女			多子女		
		频数（人）	占比（%）	累计占比（%）	频数（人）	占比（%）	累计占比（%）
与子女关系	紧张	0	0	0	3	2.5	2.5
	一般	29	24.4	24.4	50	42.4	44.9
	好	90	75.6	100.0	65	55.1	100.0
	合计	119	100.0	—	118	100.0	—

从表 3-11 可以看出：城市独生子女父母没有与子女关系紧张的，多子女父母有 3 人与子女的关系紧张，占 2.5%；独生子女父母与子女关系好的占 75.6%，多子女父母是 55.1%，独生子女父母比多子女父母高 20.5%。这说明有 3/4 的独生子女父母与子女的关系好，而多子女父母有 1/2 多一点与子女的关系好，有少数多子女父母与子女的关系紧张，可能的原因是多子女父母不能做到对子女的公平对待，从而导致其与子女的关系没有独生子女家庭好。

4. 城市父母是否感到孤独

在"城市父母是否感到孤独"的选项中，我们设置了经常感到、有时感到、无孤独感三个选项（见表 3-12）。

表 3-12　　　　　　　子女数与父母孤独感交叉表

子女数		独生子女			多子女		
		频数（人）	占比（%）	累计占比（%）	频数（人）	占比（%）	累计占比（%）
孤独感	经常感到	10	8.4	8.4	12	10.2	10.2
	有时感到	56	47.1	55.5	61	51.7	61.9
	无孤独感	53	44.5	100.0	45	38.1	100.0
	合计	119	100.0	—	118	100.0	—

从表 3-12 可以看出：城市独生子女父母经常感到孤独和有时感到孤独的比例是 8.4%、47.1%，均低于多子女父母的 10.2%、51.7%，独生子女父母无孤独感的比例是 44.5%，高于多子女父母的 38.1%。结合表 3-9、表 3-10、表 3-11 的相关因素分析，虽然多子女父母与子女见面的频率高于独生子女，但是独生子女父母感到孤独的比例低于多子女父母，主要是因为独生子女父母闲暇生活安排得较丰富，他们与子女的关系也比多子女父母好。

上述研究表明：尽管城市独生子女父母与子女见面的频率低于多子女父母，但是独生子女父母的生活安排比多子女父母更丰富，他们与子女的关系比多子女要更好,因此感到孤独的比例低于多子女父母。

(五) 城市父母的养老的意愿

对于城市父母的养老的意愿,我们主要从父母是否需要子女的经济支持、是否愿意与子女居住养老和住养老院的意愿三个方面分析。

1. 城市父母是否需要子女的经济支持

在"城市父母是否需要子女经济支持"的选项中,我们设置了需要、不需要、无所谓三个选项(见表3-13)。

表3-13　　子女数与父母是否需要子女的经济支持交叉表

子女数		独生子女			多子女		
		频数(人)	占比(%)	累计占比(%)	频数(人)	占比(%)	累计占比(%)
子女经济支持	需要	18	15.1	15.1	47	39.8	39.8
	不需要	89	74.8	89.9	57	48.3	88.1
	无所谓	12	10.1	100.0	14	11.9	100.0
	合计	119	100.0	—	118	100.0	—

从表3-13可以看出:城市独生子女父母需要子女经济支持的比例是15.1%,多子女父母是39.8%,独生子女父母比多子女父母低了24.7%;不需要子女经济支持的独生子女父母是74.8%,多子女父母是48.3%,独生子女父母比多子女父母高了26.5%;对子女的经济支持无所谓的独生子女父母占10.1%,多子女父母占11.9%,两者相差不大。这说明城市的独生子女父母有近3/4不需要子女的经济支持,多子女父母只有不到1/2。结合表3-2分析,可能是因为城市独生子女父母在机关事业单位、国企、私企和个体的比例较高,他们的收入高于多子女父母,多子女父母不仅收入低于独生子女父母,他们还需要养育两个及以上的孩子,在子女结婚时他们花光了所

有的积蓄，在没有储蓄和收入又低的情况下，他们养老需要子女的经济支持。

2. 城市父母是否愿意与子女居住养老

在"城市父母是否愿意与子女居住养老"的选项中，我们设置了愿意、不愿意、看情况三个选项（见表3－14）。

表3－14　　子女数与父母是否愿意与子女居住养老交叉表

<table>
<tr><td colspan="2" rowspan="2">子女数</td><td colspan="3">独生子女</td><td colspan="3">多子女</td></tr>
<tr><td>频数（人）</td><td>占比（%）</td><td>累计占比（%）</td><td>频数（人）</td><td>占比（%）</td><td>累计占比（%）</td></tr>
<tr><td rowspan="4">与子女居住养老</td><td>愿意</td><td>57</td><td>47.9</td><td>47.9</td><td>59</td><td>50.0</td><td>50.0</td></tr>
<tr><td>不愿意</td><td>30</td><td>25.2</td><td>73.1</td><td>35</td><td>29.7</td><td>79.7</td></tr>
<tr><td>看情况</td><td>32</td><td>26.9</td><td>100.0</td><td>24</td><td>20.3</td><td>100.0</td></tr>
<tr><td>合计</td><td>119</td><td>100.0</td><td>—</td><td>118</td><td>100.0</td><td>—</td></tr>
</table>

从表3－14可以看出：城市父母中，愿意与子女居住养老的独生子女父母是47.9%，略低于多子女父母的50%；在"不愿意与子女居住养老"的选项中，独生子女父母是25.2%，低于多子女父母的29.7%；在"看情况"的选项中，独生子女父母是26.9%，多子女父母是20.3%，独生子女父母高于多子女父母。这说明，受传统观念的影响，无论是独生子女父母还是多子女父母，有一半左右的人还是愿意和子女住在一起养老；不愿意和子女住在一起养老的多子女父母有近三成，而独生子女父母是1/4；另外，一部分独生子女父母还不确定能否与子女居住养老，因此有26.9%选择了看情况，即如果能与子女居住在一起养老就选择与子女居住，如果不能与子女居住养老再选择其他的养老方式。

3. 城市父母住养老院的意愿

在"城市父母住养老院意愿"的选项中，我们设置了愿意、不愿意、看情况三个选项（见表3－15）。

表 3-15　　　　　　　子女数与父母住养老院意愿交叉表

子女数		独生子女			多子女		
		频数（人）	占比（%）	累计占比（%）	频数（人）	占比（%）	累计占比（%）
住养老院的意愿	愿意	14	11.8	11.8	21	17.8	17.8
	不愿意	75	63.0	74.8	78	66.1	83.9
	看情况	30	25.2	100.0	19	16.1	100.0
	合计	119	100.0	—	118	100.0	—

从表 3-15 可以看出：城市父母中，愿意到养老院养老的独生子女父母是 11.8%，多子女父母是 17.8%，多子女父母高于独生子女父母；不愿意住养老院的独生子女父母是 63%，多子女父母是 66.1%，独生子女父母比多子女父母低了 3.3%；看情况是否住养老院的独生子女父母是 25.2%，多子女父母是 16.1%，独生子女父母比多子女父母高了 9.1%。由此可以说明，多子女父母不愿意住养老院的比例高于独生子女父母，同时，独生子女父母不想拖累唯一的孩子，他们选择看情况的比例高于多子女父母，即如果居家养老或者与子女居住等养老方式行不通就住养老院。

上述研究表明：城市独生子女父母不需要子女经济支持的比例大大高于多子女父母，独生子女父母愿意与子女居住养老的比例与多子女父母相差不大，选择看情况的比例高于多子女父母；独生子女父母不愿意住养老院的比例也与多子女父母大致相同，选择看情况的比例高于多子女父母，可能是因为独生子女父母还不确定是否可以与子女共同居住养老。

三、城市独生子女父母和多子女父母养老差别的总结

通过对城市独生子女父母和多子女父母养老方式和养老意愿的描述统计分析，得出如下结论：

一是城市已婚的独生子女的父母与子女居住的比例低于多子女父母。

二是城市独生子女父母的生活费来源主要是自己和配偶，而多子女父母则主要是自己和子女；多子女对父母的经济供养额高于独生子女；独生子女父母参加养老保险的比例略高于多子女父母。

三是无论是生活照顾还是生病照顾，城市的独生子女父母和多子女父母主要是由自己和配偶承担，但是多子女父母的生活和生病照顾主体是子女的比例均高于独生子女父母，特别是在生病时，多子女父母由子女照顾的比例大大高于独生子女父母。

四是尽管城市独生子女父母与子女见面的频率低于多子女父母，但是独生子女父母的闲暇生活安排比多子女父母更丰富，他们与子女的关系也比多子女父母与子女的关系要好，感到孤独的比例低于多子女父母。

五是城市独生子女父母不需要子女经济支持的比例大大高于多子女父母，独生子女父母愿意与子女居住养老的比例与多子女父母相差不大，独生子女父母不愿意住养老院的比例也与多子女父母大致相同。

第三节　农村独生子女父母与多子女父母养老的差别

一、农村家庭样本的基本情况

通过对483份农村有效样本的统计分析，得出农村样本的基本情况。从表3-16我们可以看出：在483份有效问卷中，农村独生子女家庭是142人，占29.4%，多子女家庭是341人，占70.6%；男性273人，占56.5%，女性210人，占43.5%；51~60岁148人，占30.6%，61~70岁163人，占33.8%，71~80岁115人，占23.8%，80岁以上57人，占11.8%；工作单位是机关事业单位的

29 人，占 6%，国企 12 人，占 2.5%，私企 21 人，占 4.4%，个体 106 人，占 22.0%，其他 315 人，占 65.2%；文化程度是文盲的 121 人，占 25.1%，小学 201 人，占 41.6%，初中 116 人，占 24.0%，高中 29 人，占 6%，大专 11 人，占 2.3%，本科及以上 5 人，占 1.0%；单身的 124 人，占 25.7%，有配偶的 359 人，占 74.3%（见表 3-16）。

表 3-16　　　　　　　农村家庭样本的基本情况

指标	分类	频数（人）		有效占比（%）		合计	
	总计	142	341	100.00	100.00	483	100.00
	子女个数	独生子女	多子女	独生子女	多子女	频数（人）	占比（%）
性别	男	92	181	33.7	66.3	273	56.5
	女	50	160	23.8	76.2	210	43.5
年龄	51~60 岁	95	53	64.2	35.8	148	30.6
	61~70 岁	32	131	19.6	80.4	163	33.8
	71~80 岁	8	107	7.0	93.0	115	23.8
	80 岁以上	7	50	12.3	87.7	57	11.8
单位性质	机关事业单位	10	19	34.5	65.5	29	6.0
	国企	4	8	33.3	66.7	12	2.5
	私企	7	14	33.3	66.7	21	4.4
	个体	43	63	40.6	59.4	106	22.0
	其他	78	237	24.8	75.2	315	65.2
文化程度	文盲	20	101	16.5	83.5	121	25.1
	小学	56	145	27.9	72.1	201	41.6
	初中	50	66	43.1	56.9	116	24.0
	高中	11	18	37.9	62.1	29	6.0
	大专	3	8	27.3	72.7	11	2.3
	本科及以上	2	3	40.0	60.0	5	1.0
单身与否	是	24	100	19.4	80.7	124	25.7
	否	118	241	32.9	67.1	359	74.3

二、农村独生子女父母和多子女父母养老的差别

课题组运用 SPSS20.0 软件对 483 份农村有效样本进行统计,采用交叉表的方式,对比研究了农村父母与已婚子女的居住方式、养老资金保障、生活和生病照顾主体、精神慰藉、养老意愿等五个方面。

(一) 农村父母与已婚子女的居住方式

在"农村父母与已婚子女居住方式"的选项中,我们设置了与自己共居、与自己及配偶共居、子女单独居住、与一个子女共居(多子女)、与多个子女共居五个选项(见表 3-17)。

表 3-17 农村子女数与父母和已婚子女居住方式交叉表

	子女数	独生子女			多子女		
		频数(人)	占比(%)	累计占比(%)	频数(人)	占比(%)	累计占比(%)
已婚子女居住方式	与自己共居	24	32.4	32.4	38	11.8	11.8
	与自己及配偶共居	22	29.7	62.1	49	15.2	27.0
	已婚子女单独居住	28	37.8	100.0	171	53.1	80.1
	与一个已婚子女共居(多子女)	0	0	100.0	59	18.3	98.4
	与多个已婚子女共居	0	0	100.0	5	1.6	100.0
	合计	74	100.0	—	322	100.0	—

从表 3-17 可以看出:在农村 142 名独生子女中有 74 人已婚,占 52.1%,341 名多子女家庭的子女中有 322 人已婚,占 94.4%,我们只对比分析已婚的子女与父母居住的情况。在已婚的独生子女中,有 24 人与父母一人共居,占 32.4%,已婚的多子女与父母一人共居有 38 人,占 11.8%,两者相差 20.6%;"已婚子女与自己及配偶共居"选项中,独生子女父母有 22 人,占 29.7%,多子女父母有

49 人，占 15.2%，独生子女父母比多子女父母高了 14.5%；已婚子女单独居住中，独生子女父母有 28 人，占 37.8%，多子女父母有 171 人，占 53.1%，独生子女父母比多子女父母低了 15.3%；在与一个已婚子女共居和与多个已婚子女共居的两个选项中，多子女父母分别是 59 人和 5 人，分别占 18.3% 和 1.6%。也就是说，已婚的独生子女有 62.1% 与父母一方或父母双方共居；已婚多子女与父母一方或父母双方共居以及与一个已婚子女共居或多个已婚子女共居的比例合计是 46.9%，独生子女比多子女高了 15.2%。这说明有六成多的农村独生子女在结婚以后选择和父母一方或父母双方一起居住，多子女在结婚以后有不到五成的人选择和父母一方或父母双方一起居住。

（二）农村父母的养老资金保障

对于农村父母的养老资金保障问题，我们主要从生活费的来源、子女的年经济供养额和是否参加养老保险三个方面分析。

1. 农村父母的生活费来源

在"农村父母生活费来源"的选项中，我们设置了工资、配偶、种地、子女、养老金、社会救助、其他几个选项，这是一个多项选择，因此选项的总频数大于样本数。我们主要从选项占总频数的百分比和选项占样本的百分比两个指标，对比分析独生子女父母和多子女父母的生活费来源（见表 3-18）。

从表 3-18 我们可以看出：无论是选项占总频数的百分比，还是选项占样本的百分比，农村独生子女父母生活费来源于工资和配偶的比例均高于多子女父母。从选项占样本的比例来看，共有 64.1% 的独生子女父母生活费来源于工资和配偶，而多子女父母生活费来源于工资和配偶的比例合计为 36.6%；生活费来源于种地、子女、养老金、社会救助和其他的比例中，独生子女父母均低于多子女父母。从比例较大的前三项生活费来源来看，独生子女父母依次是工资、种地、子女，多子女父母依次是子女、种地、养老金。说明独生子女父母的生活费来源主要是自己和子女,而多子女父母生活费来源则主要是子女和自己。

表 3-18 农村子女数与父母生活费来源交叉表

子女数		独生子女			多子女		
		频数(人)	选项占频数的比例(%)	选项占样本的比例(%)	频数(人)	选项占频数的比例(%)	选项占频数的比例(%)
生活费来源	工资	69	26.0	48.6	86	12.5	25.2
	配偶	22	8.3	15.5	39	5.7	11.4
	种地	57	21.5	40.1	157	22.8	46.0
	子女	44	16.6	31.0	159	23.1	46.6
	养老金	31	11.7	21.8	131	19.0	38.4
	社会救助	10	3.8	7.0	28	4.1	8.2
	其他	32	12.1	22.5	88	12.8	25.8

2. 农村子女对父母的年经济供养额

在"农村子女对父母年经济供养额"的选项中,我们设置了 0 元、1~2000 元、2001~5000 元、5001~8000 元、8000 元以上五个档次(见表 3-19)。

表 3-19 农村子女数与子女对父母的年供养额交叉表

子女数		独生子女			多子女		
		频数(人)	占比(%)	累计占比(%)	频数(人)	占比(%)	累计占比(%)
年供养额	0 元	87	61.3	61.3	62	18.2	18.2
	1~2000 元	30	21.1	82.4	101	29.6	47.8
	2001~5000 元	13	9.2	91.5	106	31.1	78.9
	5001~8000 元	8	5.6	97.2	44	12.9	91.8
	8000 元以上	4	2.8	100.0	28	8.2	100.0
	合计	142	100.0	—	341	100.0	—

从表3-19可以看出：有61.3%的农村独生子女没有对父母进行经济供养，而多子女没有对父母进行经济供养的比例为18.2%，独生子女比多子女高了43.1%；对父母的年经济供养额5000元以下的独生子女累计达到91.5%，多子女累计是78.9%，独生子女比多子女高了12.6%；对父母的年经济供养额在5001~8000元和8000元以上的档次中，独生子女分别是5.6%、2.8%，低于多子女的12.9%、8.2%。这说明多子女对父母的年经济供养额高于独生子女，结合表3-16进行分析得知，独生子女父母在机关事业单位和国企、私企和个体工作的，占该样本的比例均高于多子女父母，他们的收入较高，不需要子女的经济支持，也有可能是他们的年龄总体比多子女父母的年龄小，一些人还有劳动能力，可以自己劳动，还有可能是因为一个子女的供养能力不足，或者子女还没有工作，没有能力对父母进行经济供养。

3. 农村父母是否参加养老保险

在"农村父母是否参加养老保险"的选项中，我们设置了参加、未参加两个选项（见表3-20）。

表3-20　　　　农村子女数与父母是否参加养老保险交叉表

	子女数	独生子女			多子女		
		频数（人）	占比（%）	累计占比（%）	频数（人）	占比（%）	累计占比（%）
养老保险	参加	101	71.1	71.1	251	73.6	73.6
	未参加	41	28.9	100.0	90	26.4	100.0
	合计	142	100.0	—	341	100.0	—

从表3-20可以看出：农村独生子女父母参加养老保险的比例是71.1%，多子女父母是73.6%，独生子女父母比多子女父母低了2.5%。由此说明，有近三成的独生子女父母在达到退休年龄时无法

领取养老金,如果配偶有足够的养老金可以由配偶供养,如果配偶的养老金不足或配偶也没有养老金,则只能由唯一的子女赡养;多子女父母在达到退休年龄时也有26.4%的人无法领取养老金,但他们可以由配偶供养或者由几个子女共同赡养。

上述三个方面的分析表明:农村独生子女父母生活费的来源主要是自己,而多子女父母主要是子女和自己;多子女对父母的经济供养额高于独生子女;独生子女父母参加养老保险的比例略低于多子女父母。也就是说,独生子女父母如果没有参加养老保险,他们在年老以后既没有养老金可以领取,也无法从子女那里得到足够的经济赡养,他们的养老资金就无法保障。

(三)农村父母的生活和生病照顾主体

1. 农村父母的生活照顾主体

在"农村父母的生活照顾主体"选项中,我们设置了自己、配偶、子女、孙子女、其他人五个选项(见表3-21)。

表3-21　　　农村子女数与父母生活照顾主体交叉表

	子女数	独生子女			多子女		
		频数(人)	占比(%)	累计占比(%)	频数(人)	占比(%)	累计占比(%)
生活照料主体	自己	92	64.8	64.8	176	51.6	51.6
	配偶	41	28.9	93.7	123	36.1	87.7
	子女	6	4.2	97.9	35	10.3	97.9
	孙子女	3	2.1	100.0	5	1.5	99.4
	其他	0	0.0	100.0	2	0.6	100.0
	合计	142	100.0	—	341	100.0	—

从表3-21可以看出:生活照顾主体是自己和配偶的农村独生子女父母为93.7%,多子女父母为87.7%,由子女照顾的独生子女父

母是4.2%，而多子女父母中有10.3%的人由子女照顾，独生子女父母比多子女父母低了6.1%；由孙子女和其他人照顾的比例，两者相差不大。可能是因为独生子女父母总体年龄没有多子女父母的年龄大，不需要子女的照顾，也有可能独生子女没有时间照顾父母。

2. 农村父母的生病照顾主体

在"农村父母的生病照顾主体"选项中，我们设置了自己、配偶、子女、孙子女、其他人五个选项（见表3-22）。

表3-22　　　　农村子女数与父母生病照顾主体交叉表

子女数		独生子女			多子女		
		频数（人）	占比（%）	累计占比（%）	频数（人）	占比（%）	累计占比（%）
生病照料主体	自己	28	19.7	19.7	71	20.8	20.8
	配偶	81	57.0	76.8	170	49.9	70.7
	子女	28	19.7	96.5	99	29.0	99.7
	孙子女	0	0	96.5	0	0	99.7
	邻居	2	1.4	97.9	1	0.3	100.0
	其他	3	2.1	100.0	0	0	100.0
	合计	142	100.0	—	341	100.0	—

从表3-22可以看出：在生病时，农村独生子女父母自己照顾和配偶照顾的比例是76.8%，多子女父母是70.7%，独生子女父母比多子女父母高了6.1%；由子女照顾的独生子女父母是19.7%，多子女父母是29%，独生子女父母比多子女父母低了9.3%；由孙子女和其他人照顾的独生子女父母分别是0、2.1%，多子女父母分别是0、0，独生子女父母高于多子女父母。这说明，即使在生病的时候，独生子女父母由子女照顾的比例也不到两成，多子女父母由子女照顾的比例接近三成，可能是因为独生子女父母相对于多子女父母年龄小，不需要子女照顾，也有可能是唯一的子女没有时间照顾生病的父母。

上述的研究表明：无论是生活照顾主体还是生病照顾主体，农村独生子女父母和多子女父母主要是自己和配偶，但是多子女父母的生活和生病照顾主体是子女的比例均高于独生子女父母，特别是在生病时，有近三成的多子女父母是由子女照顾的，而独生子女父母在生病时由子女照顾的比例还不到两成。

（四）农村父母的精神慰藉

对于农村父母的精神慰藉，我们主要从闲暇时间的安排、父母与子女见面的频率、父母与子女的关系和是否感到孤独四个方面分析。

1. 农村父母的闲暇时间安排

在"农村父母的闲暇时间安排"选项上，我们设置了看电视或听收音机、下棋或打牌、聊天、跳广场舞、上老年大学、旅游、其他七个选项，这是一个多项选择，选项的总频数大于样本数。我们主要从选项占总频数的百分比和选项占样本的百分比两个方面进行对比分析（见表3-23）。

表3-23　农村子女数与父母闲暇时间安排交叉表

	子女数	独生子女			多子女		
		频数（人）	选项占频数的比例（%）	选项占样本的比例（%）	频数（人）	选项占频数的比例（%）	选项占频数的比例（%）
闲暇安排	看电视或听收音机	110	33.1	77.5	223	32.1	65.4
	下棋或打牌	53	16.0	37.3	88	12.7	25.8
	聊天	94	28.3	66.2	215	30.9	63.0
	跳广场舞	13	3.9	9.2	24	3.5	7.0
	上老年大学	0	0	0	1	0.1	0.3
	旅游	7	2.1	4.9	15	2.2	4.4
	其他	55	16.6	38.7	129	18.6	37.8

从表3-23可以看出：农村独生子女父母在看电视或听收音机、下棋或打牌、聊天、跳广场舞、旅游、其他的六个选项中，选项占样

第三章 城乡独生子女父母和多子女父母养老差别的描述性统计分析

本的百分比均高于多子女父母,特别是在看电视或听收音机、下棋或打牌、跳广场舞的三个选项中,选项占总频数的百分比中,独生子女父母均高于多子女父母。总体来说独生子女父母的闲暇生活安排得更丰富,主要是因为独生子女父母的孩子少、家务劳动也少于多子女父母,他们有更多的时间休闲娱乐。同时,我们看到:无论是独生子女父母还是多子女父母,闲暇时间用于上老年大学和旅游的比例都没有城市的比例高。可能是因为农村收入水平较低,他们的文化水平不高、农活和家务劳动的时间较长,所以他们没有经济能力和时间上老年大学和旅游。

2. 农村父母与子女见面的频率

在"农村父母与子女见面频率"的选项中,我们设置了每天、每周、每月、半年、一年、一年以上六个选项(见表3-24)。

表3-24　　农村子女数与父母和子女见面频率交叉表

子女数		独生子女			多子女		
		频数(人)	占比(%)	累计占比(%)	频数(人)	占比(%)	累计占比(%)
与子女见面频率	每天	33	23.2	23.2	100	29.3	29.3
	每周	19	13.4	36.6	76	22.3	51.6
	每月	49	34.5	71.1	90	26.4	78.0
	半年	37	26.1	97.2	57	16.7	94.7
	一年	4	2.8	100.0	15	4.4	99.1
	一年以上	0	0	100.0	3	0.9	100.0
	合计	142	100.0	—	341	100.0	—

从表3-24可以看出:在每天、每周子女与父母见面的比例中,农村独生子女父母均低于多子女父母,独生子女父母共有36.6%,多子女父母共有51.6%,独生子女父母比多子女父母低了15%;每月和半年与子女见面的独生子女父母分别是34.5%、26.1%,多子

女父母是 26.4%、16.7%，独生子女父母高于多子女父母；一年或一年以上与子女见面的频率中，独生子女父母均低于多子女父母。这说明独生子女父母与子女见面的频率总体低于多子女父母，因为多子女父母有两个及以上的孩子，如果见不到其中一个孩子，可能见到其他的孩子，独生子女父母就一个孩子，如果孩子求学或者工作忙就无法经常与父母见面。

3. 农村父母与子女的关系

在"农村父母与子女关系"的选项中，我们设置了紧张、一般、好三个选项（见表 3-25）。

表 3-25　　农村子女数与父母和子女的关系交叉表

子女数		独生子女			多子女		
		频数（人）	占比（%）	累计占比（%）	频数（人）	占比（%）	累计占比（%）
与子女关系	紧张	1	0.7	0.7	11	3.2	3.2
	一般	35	24.6	25.4	123	36.1	39.3
	好	106	74.6	100.0	207	60.7	100.0
	合计	142	100.0	—	341	100.0	—

从表 3-25 可以看出：农村独生子女父母与子女关系紧张的非常少，只有 1 人，占 0.7%，多子女父母有 11 人与子女的关系紧张，占 3.2%；独生子女父母与子女关系好的有 74.6%，多子女父母是 60.7%，独生子女父母比多子女父母高了 13.9%。这说明有近 3/4 的独生子女父母与子女的关系好，而多子女父母有六成与子女的关系好，可能的原因是多子女父母不能做到对子女的公平对待，从而导致其与子女的关系没有独生子女家庭好。

4. 农村父母是否感到孤独

在"农村父母是否感到孤独"的选项中，我们设置了经常感到、有时感到、无孤独感三个选项（见表 3-26）。

表 3-26　　农村子女数与父母是否感到孤独交叉表

子女数		独生子女			多子女		
		频数（人）	占比（%）	累计占比（%）	频数（人）	占比（%）	累计占比（%）
孤独感	经常感到	11	7.7	7.7	40	11.7	11.7
	有时感到	81	57.0	64.8	185	54.3	66.0
	无孤独感	50	35.2	100.0	116	34.0	100.0
	合计	142	100.0	—	341	100.0	—

从表 3-26 可以看出：农村独生子女父母经常感到孤独和有时感到孤独的比例是 7.7% 和 57%，均低于多子女父母的 11.7% 和 54.3%，独生子女父母无孤独感的比例是 35.2%，高于多子女父母的 34%。结合表 3-23、表 3-25 的相关因素分析，独生子女父母没有孤独感的比例之所以高于多子女父母，主要是因为独生子女父母闲暇生活安排得较丰富，他们与子女的关系也比多子女父母好。

上述的研究表明：虽然农村独生子女父母与子女见面的频率低于多子女父母，但是独生子女父母的生活安排比多子女父母更丰富，他们与子女的关系比多子女父母要好，因此感到孤独的比例低于多子女父母。

（五）农村父母的养老意愿

对于农村父母的养老意愿，我们主要从是否需要子女的经济支持、是否愿意与子女居住养老和住养老院的意愿三个方面分析。

1. 农村父母是否需要子女的经济支持

在"农村父母是否需要子女的经济支持"选项中，我们设置了需要、不需要、无所谓三个选项（见表 3-27）。

从表 3-27 可以看出：农村独生子女父母需要子女经济支持的比例是 35.2%，多子女父母是 60.4%，多子女父母比独生子女父母高了 25.2%；不需要子女经济支持的独生子女父母是 51.4%，多子女父母是 25.8%，独生子女父母比多子女父母高了 25.6%；对子女的经济支持表示无所谓的独生子女父母是13.4%，多子女父母是13.8%，两者相差不大。这说明有1/2多的农村独生子女父母不需要子女的经济支持，多子女父母有约1/4的人不需要子女的经济支持。可能是因为农村独生子女父母的收入较高，养育一个孩子的成本较小，多子女父母不仅收入低，而且养育两个及以上的孩子成本也高，特别是在儿子结婚时已花光了家里的积蓄，甚至要负债，因此他们养老更需要子女的经济支持。

表3-27　农村子女数与父母是否需要子女经济支持交叉表

子女数		独生子女			多子女		
		频数（人）	占比（%）	累计占比（%）	频数（人）	占比（%）	累计占比（%）
子女经济支持	需要	50	35.2	35.2	206	60.4	60.4
	不需要	73	51.4	86.6	88	25.8	86.2
	无所谓	19	13.4	100.0	47	13.8	100.0
	合计	142	100.0	—	341	100.0	—

2. 农村父母是否愿意与子女居住养老

在"农村父母是否愿意与子女居住养老"选项中，我们设置了愿意、不愿意、看情况三个选项（见表3-28）。

表3-28　农村子女数与父母和子女居住养老意愿交叉表

子女数		独生子女			多子女		
		频数（人）	占比（%）	累计占比（%）	频数（人）	占比（%）	累计占比（%）
与子女住养老	愿意	82	57.7	57.7	184	54.0	54.0
	不愿意	19	13.4	71.1	86	25.2	79.2
	看情况	41	28.9	100.0	71	20.8	100.0
	合计	142	100.0	—	341	100.0	—

从表3-28可以看出：愿意与子女居住养老的农村独生子女父母是57.7%，高于多子女父母的54%；在不愿意与子女居住养老的选项中，独生子女父母是13.4%，低于多子女父母的25.2%；在看情况的选项中，独生子女父母是28.9%，多子女父母是20.8%，独生子女父母高于多子女父母。这说明受传统观念的影响，无论是独生子女父母还是多子女父母，有一半以上的人还是愿意和子女住在一起养老；不愿意和子女住在一起养老的多子女父母有1/4，而独生子女父母是1/10多；另外，独生子女父母还不确定能否与子女居住养老，因此有28.9%的人选择了看情况，即如果能与子女居住在一起养老就选择与子女居住，如果不能与子女居住养老再选择其他的养老方式。

3. 农村父母住养老院的意愿

在"农村父母住养老院意愿"的选项中，我们设置了愿意、不愿意、看情况三个选项（见表3-29）。

表3-29　　农村子女数与父母住养老院意愿交叉表

子女数		独生子女			多子女		
		频数（人）	占比（%）	累计占比（%）	频数（人）	占比（%）	累计占比（%）
住养老院	愿意	17	12.0	12.0	34	10.0	10.0
	不愿意	97	68.3	80.3	253	74.2	84.2
	看情况	28	19.7	100.0	54	15.8	100.0
	合计	142	100.0	—	341	100.0	—

从表3-29可以看出：愿意到养老院养老的农村独生子女父母是12%，多子女父母是10%，独生子女父母略高于多子女父母；不愿意住养老院的独生子女父母是68.3%，多子女父母是74.2%，独生子女父母比多子女父母低了5.9%；看情况是否住养老院的独生子女父母是19.7%，多子女父母是15.8%，独生子女父母比多子女父母高了3.9%。由此可以说明，多子女父母不愿意住养老院的比例高于

独生子女父母，同时，独生子女父母不想拖累唯一的孩子，他们选择看情况的比例高于多子女父母，即如果居家养老或者与子女居住等养老方式行不通就住养老院。

上述的研究表明：农村有1/3多一点的独生子女父母需要子女的经济支持，六成的多子女父母需要子女的经济支持，独生子女父母愿意与子女居住养老的比例与多子女父母相差不大，选择看情况的比例高于多子女父母；独生子女父母愿意住养老院的比例也与多子女父母大致相同，选择看情况的比例高于多子女父母，可能是因为独生子女父母还不确定是否可以与子女共同居住养老。

三、农村独生子女父母与多子女父母养老差别的总结

通过上述的描述统计分析，得出农村独生子女父母和多子女父母养老方式和养老意愿的差别如下：

一是农村独生子女在结婚以后选择和父母一方或父母双方一起居住的比例高于多子女。

二是农村独生子女父母的生活费来源主要是自己，而多子女父母主要是子女和自己；多子女对父母的经济供养额高于独生子女父母；独生子女父母参加养老保险的比例略低于多子女父母。

三是无论是生活照顾主体还是生病照顾主体，农村独生子女父母和多子女父母主要是自己和配偶，但是多子女父母的生活和生病照顾主体是子女的比例均高于独生子女父母。

四是虽然农村独生子女父母与子女见面的频率低于多子女父母，但是独生子女父母的生活安排比多子女父母更丰富，他们与子女的关系比多子女父母要好，因此感到孤独的比例低于多子女父母。

五是农村独生子女父母需要子女经济支持的比例低于多子女父母，独生子女父母愿意与子女居住养老的比例与多子女父母相差不大，独生子女父母愿意住养老院的比例也与多子女父母大致相同。

第四节 城乡独生子女父母养老的差别

一、城乡独生子女父母的基本情况

通过对 261 份城乡独生子女父母样本的统计，得出城乡独生子女父母样本的基本情况。从表 3-30 可以看出：农村独生子女父母是 142 人，城市独生子女父母是 119 人；男性 158 人，占 60.5%，女性 103 人，占 39.5%；51~60 岁有 101 人，占 38.7%，61~70 岁有 132 人，占 50.6%，71~80 岁有 18 人，占 6.9%，80 岁以上有 10 人，占 3.8%；工作单位是机关事业单位的有 55 人，占 21.1%，国企的有 33 人，占 12.6%，私企的有 29 人，占 11.1%，个体的有 57 人，占 21.8%，其他的有 87 人，占 33.33%；文化程度是文盲的有 25 人，占 9.6%，小学的有 64 人，占 24.5%，初中的有 89 人，占 34.1%，高中的有 36 人，占 13.8%，大专的有 27 人，占 10.3%，本科及以上的有 20 人，占 7.7%；单身的有 44 人，占 16.9%，有配偶的是 217 人，占 83.1%。

表 3-30　　　　城乡独生子女父母的基本情况

指标	分类	频数		有效占比（%）		合计	
	总计	142	119	100.00	100.00	261	100.00
	户口	农村	城市	农村	城市	频数	占比（%）
性别	男	92	66	58.2	41.8	158	60.5
	女	50	53	48.5	51.5	103	39.5

续表

指标	分类	频数		有效占比（%）		合计	
	总计	142	119	100.00	100.00	261	100.00
	户口	农村	城市	农村	城市	频数	占比（%）
年龄	51~60岁	95	6	94.1	5.9	101	38.7
	61~70岁	32	100	24.2	75.8	132	50.6
	71~80岁	8	10	44.4	55.6	18	6.9
	80岁以上	7	3	70.0	30.0	10	3.8
单位性质	机关事业单位	10	45	18.2	81.8	55	21.1
	国企	4	29	12.1	87.9	33	12.6
	私企	7	22	24.1	75.9	29	11.1
	个体	43	14	75.4	24.6	57	21.8
	其他	78	9	89.7	10.3	87	33.3
文化程度	文盲	20	5	80.0	20.0	25	9.6
	小学	56	8	87.5	12.5	64	24.5
	初中	50	39	56.2	43.8	89	34.1
	高中	11	25	30.6	69.4	36	13.8
	大专	3	24	11.1	88.9	27	10.3
	本科及以上	2	18	10.0	90.0	20	7.7
单身与否	是	24	20	54.6	45.5	44	16.9
	否	118	99	54.4	45.6	217	83.1

二、城乡独生子女父母养老方式的差别

课题组运用SPSS20.0软件对261份城乡独生子女有效样本进行统计，采用交叉表的方式，对比研究了独生子女父母与已婚子女的居住方式、养老资金保障、生活和生病照顾主体、精神慰藉四个方面。

第三章　城乡独生子女父母和多子女父母养老差别的描述性统计分析

（一）城乡独生子女父母与已婚子女的居住方式

在"城乡独生子女父母与已婚子女的居住方式"选项中，我们设置了与自己共居、与自己及配偶共居、子女单独居住几个选项，见表3-31。

表3-31　户口与独生子女父母和已婚子女的居住方式交叉表

户口		农村			城市		
		频数（人）	占比（%）	累计占比（%）	频数（人）	占比（%）	累计占比（%）
已婚子女与父母的居住方式	与自己共居	24	32.4	32.4	15	16.5	16.5
	与自己及配偶共居	22	29.7	62.1	26	28.6	45.1
	子女单独居住	28	37.8	100.0	50	54.9	100.0
	合计	74	100.0	—	91	100.0	—

从表3-31可以看出：农村独生子女中有74人已婚，城市独生子女中有91人已婚，我们只对比分析已婚的独生子女与父母居住的情况。在已婚的农村独生子女中，有24人与父母一方共居，占32.4%，已婚的城市独生子女与父母一方共居的有15人，占16.5%，农村比城市高了15.9%；已婚独生子女与自己及配偶共居中，农村独生子女父母有22人，占29.7%，城市独生子女父母有26人，占28.6%，农村独生子女父母比城市独生子女父母高了1.1%；已婚子女单独居住中，农村独生子女有28人，占37.8%，城市独生子女有50人，占54.9%，农村独生子女比城市独生子女低了17.1%。也就是说，已婚的农村独生子女有62.1%与父母一方或父母双方共居，城市独生子女与父母一方或父母双方共居的比例合计是45.1%，农村独生子女比城市独生子女高了17%。

这说明有六成多的农村独生子女在结婚以后选择和父母一方或父母双方一起居住，城市独生子女在结婚以后有四成多的人选择和父一方或父母双方一起居住。可能的原因是农村的观念还是很传统，在子女结婚以后，大部分父母还是选择和子女一起居住，城市受现代观念的影响较大，只有不到一半的父母，在子女结婚以后选择和子女一起居住。

（二）城乡独生子女父母的养老资金保障

对于城乡独生子女父母的养老资金保障，我们主要从生活费的来源、子女的年经济供养额和是否参加养老保险三个方面分析。

1. 城乡独生子女父母的生活费来源

在"生活费来源"的选项中，我们设置了工资、配偶、种地、子女、养老金、社会救助、其他七个选项，这是一个多项选择，因此，选项的总频数大于样本数。我们主要从选项占总频数的百分比和选项占样本的百分比两个指标，对比分析城市独生子女父母和农村独生子女父母的生活费来源（见表3-32）。

表3-32　　　　户口与独生子女父母生活费来源交叉表

户口		农村			城市		
		频数（人）	选项占频数的比例（%）	选项占样本的比例（%）	频数（人）	选项占频数的比例（%）	选项占频数的比例（%）
生活费来源	工资	69	26.0	48.6	79	35.4	66.4
	配偶	22	8.3	15.5	34	15.2	28.6
	种地	57	21.5	40.1	0	0.0	0.0
	子女	44	16.6	31.0	29	13.0	24.4
	养老金	31	11.7	21.8	50	22.4	42.0
	社会救助	10	3.8	7.0	4	1.8	3.4
	其他	32	12.1	22.5	27	12.1	22.7

从表3-32我们可以看出：无论是选项占总频数的百分比，还是选项占样本的百分比，农村独生子女父母生活费来源于工资、配偶和养老

金的比例均低于城市独生子女父母,生活费来源于种地、子女和社会救助的农村独生子女父母高于城市独生子女父母,生活费来源于其他的两者相差很小。从生活费来源占比较高的三个因素来看,农村独生子女父母生活费来源依次是工资、种地和子女,城市独生子女父母生活费来源依次是工资、养老金和配偶。说明农村独生子女父母的生活费来源主要是自己和子女,而城市独生子女父母生活费来源是自己和配偶。

2. 城乡独生子女对父母的年经济供养额

在"城乡独生子女对父母的年经济供养额"选项中,我们设置了0元、1~2000元、2001~5000元、5001~8000元、8000元以上五个档次(见表3-33)。

表3-33　　户口与独生子女对父母的年经济供养额交叉表

户口		农村			城市		
		频数(人)	占比(%)	累计占比(%)	频数(人)	占比(%)	累计占比(%)
子女对父母的年经济供养额	0元	87	61.3	61.3	63	52.9	52.9
	1~2000元	30	21.1	82.4	14	11.8	64.7
	2001~5000元	13	9.2	91.5	17	14.3	79.0
	5001~8000元	8	5.6	97.2	14	11.8	90.8
	8000元以上	4	2.8	100.0	11	9.2	100.0
	合计	142	100.0	—	119	100.0	—

从表3-33可以看出:有61.3%的农村独生子女没有对父母进行经济供养,而城市独生子女对父母没有经济供养的比例为52.9%,农村独生子女比城市独生子女高了8.4%;对父母的年经济供养额5000元以下的农村独生子女累计达到91.5%,城市独生子女累计是79%,农村独生子女比城市独生子女高了12.5%;对父母的年经济供养额在5001~8000元、8000元以上的两个档次中,农村独生子女分别是5.6%、2.8%,低于城市独生子女的11.8%、9.2%。这说明城市独

生子女对父母的年经济供养额高于农村独生子女，结合表3-31进行分析得知，城市独生子女已婚的比例高于农村独生子女，他们工作之后，有了收入来源，有能力对父母进行经济供养，很大一部分农村独生子女还没有结婚，他们还需要父母为他们结婚花钱，或者子女还没有开始工作，没有能力对父母进行经济供养。

3. 城乡独生子女父母是否参加养老保险

在"城乡独生子女父母是否参加养老保险"选项中，我们设置了参加、未参加两个选项（见表3-34）。

表3-34　户口与独生子女父母是否参加养老保险交叉表

户口		农村			城市		
		频数(人)	占比(%)	累计占比(%)	频数(人)	占比(%)	累计占比(%)
养老保险	参加	101	71.1	71.1	110	92.4	92.4
	未参加	41	28.9	100.0	9	7.6	100.0
	合计	142	100.0	—	119	100.0	—

从表3-34可以看出：农村独生子女父母参加养老保险的比例是71.1%，城市独生子女父母是92.4%，城市比农村高了21.3%；没有参加养老保险的农村独生子女父母达到了28.9%，城市独生子女父母是7.6%，农村比城市高了21.3%。这说明有近三成的农村独生子女父母没有参加养老保险，在他们达到退休年龄时无法领取养老金，而唯一的孩子如果没有能力对他们进行经济赡养，他们的生活就会陷入困境。

上述三个方面的分析表明：城市独生子女父母的生活费来源主要是自己和配偶，而农村独生子女父母生活费来源主要是自己和子女；城市独生子女对父母的经济供养额高于农村独生子女；城市独生子女父母参加养老保险的比例高于农村独生子女父母。也就是说，近三成的农村独生子女父母没有参加养老保险,他们在年老以后既没有养老金可以领取,也无法从子女那里得到足够的经济赡养,他们的养老资金无法保障。

(三) 城乡独生子女父母生活和生病照顾主体

1. 城乡独生子女父母生活照顾主体

在"城乡独生子女父母生活照顾主体"选项中,我们设置了自己、配偶、子女、孙子女、其他人五个选项(见表3-35)。

表3-35　　户口与独生子女父母生活照顾主体交叉表

户口		农村			城市		
		频数(人)	占比(%)	累计占比(%)	频数(人)	占比(%)	累计占比(%)
生活照料主体	自己	92	64.8	64.8	56	47.1	47.1
	配偶	41	28.9	93.7	48	40.3	87.4
	子女	6	4.2	97.9	8	6.7	94.1
	孙子女	3	2.1	100.0	6	5.0	99.2
	其他	0	0	100.0	1	0.8	100.0
	合计	142	100.0	—	119	100.0	—

从表3-35我们可以看出:生活照顾主体是自己和配偶的农村独生子女父母为93.7%,城市独生子女父母为87.4%,农村高于城市6.3%;由子女照顾的农村独生子女父母是4.2%,而城市独生子女父母中有6.7%由子女照顾,农村独生子女父母低于城市独生子女父母2.5%;由孙子女照顾的比例中,农村独生子女父母是2.1%,城市独生子女父母是5%,农村低于城市,由其他人照顾的人数非常少。也就是说,无论是农村还是城市,独生子女父母的生活照顾主体主要是自己和配偶,但是城市独生子女父母由子女和孙子女照顾的比例高于农村独生子女父母,结合表3-30、表3-31分析,可能是因

为农村独生子女的父母大都是 70 岁以下，同时近一半的独生子女还没结婚，他们的父母年龄不大，还不需要照顾。

2. 城乡独生子女父母的生病照顾主体

在"城乡独生子女父母的生病照顾主体"选项中，我们设置了自己、配偶、子女、孙子女、邻居和其他人六个选项（见表 3-36）。

表 3-36　　　　　户口与独生子女父母生病照顾主体交叉表

户口		农村			城市		
		频数（人）	占比（%）	累计占比（%）	频数（人）	占比（%）	累计占比（%）
生病照料主体	自己	28	19.7	19.7	15	12.6	12.6
	配偶	81	57.0	76.8	80	67.2	79.8
	子女	28	19.7	96.5	22	18.5	98.3
	孙子女	0	0	96.5	1	0.8	99.2
	邻居	2	1.4	97.9	0	0	99.2
	其他	3	2.1	100.0	1	0.8	100.0
	合计	142	100.0	—	119	100.0	—

从表 3-36 可以看出：在生病时，农村独生子女父母由自己照顾和配偶照顾的比例是 76.8%，城市独生子女父母是 79.8%，城市独生子女父母比农村独生子女父母高了 3%；由子女照顾的农村独生子女父母是 19.7%，城市独生子女父母是 18.5%，农村独生子女父母略高于城市独生子女父母；由孙子女、邻居和其他人照顾的城市和农村独生子女父母都很少。这说明即使在生病的时候，城市和农村独生子女父母由子女照顾的比例也不到两成，主要还是由自己和配偶照顾。可能是因为一部分独生子女父母年龄还没达到 70 岁以上，不需要子女照顾，也有可能是唯一的子女没有时间照顾生病的父母。

上述的研究表明：无论是生活照顾主体还是生病照顾主体，城市独生子女父母和农村独生子女父母主要是依靠自己和配偶。在父母生病时，有近两成的独生子女父母是由子女照顾的，由其他人照顾的比例很低。

（四）城乡独生子女父母的精神慰藉

对于城乡独生子女父母的精神慰藉，我们主要从闲暇时间的安排、父母与子女见面的频率、父母与子女的关系和是否感到孤独四个方面分析。

1. 城乡独生子女父母的闲暇时间安排

在"城乡独生子女父母的闲暇时间安排"选项上，我们设置了看电视或听收音机、下棋或打牌、聊天、跳广场舞、上老年大学、旅游、其他七个选项，这是一个多项选择，选项的总频数大于样本数。我们主要从选项占总频数的百分比和选项占样本的百分比两个方面进行对比分析（见表3-37）。

表3-37　　户口与独生子女父母闲暇时间安排交叉表

户口		农村			城市		
		频数（人）	选项占频数的比例（%）	选项占样本的比例（%）	频数（人）	选项占频数的比例（%）	选项占频数的比例（%）
闲暇安排	看电视或听收音机	110	33.1	77.5	88	27.1	73.9
	下棋或打牌	53	16.0	37.3	64	19.7	53.8
	聊天	94	28.3	66.2	69	21.2	58.0
	跳广场舞	13	3.9	9.2	24	7.4	20.2
	上老年大学	0	0	0	8	2.5	6.7
	旅游	7	2.1	4.9	48	14.8	40.3
	其他	55	16.6	38.7	24	7.4	20.2

从表3-37可以看出：农村独生子女父母在看电视或听收音机、聊天和其他三个选项中，选项占频数的百分比和选项占样本的百分比

均高于城市独生子女父母；城市独生子女父母在下棋或打牌、跳广场舞、上老年大学和旅游的四个选项中，无论是选项占总频数的百分比，还是选项占样本的百分比均高于农村独生子女父母，有40.3%的城市独生子女父母有出去旅游的经历，农村独生子女父母只有4.9%。也就是说农村的独生子女父母闲暇时间安排较单调，主要是看电视或听收音机、聊天和其他，城市的独生子女父母闲暇时间安排得丰富多彩。主要是因为城市的独生子女父母收入较高，可以请钟点工或者保姆做家务，他们有更多的时间休闲娱乐，同时城市的文化生活也更丰富，他们也有经济能力出去旅游。

2. 独生子女父母与子女见面的频率

在"独生子女父母与子女的见面频率"选项中，我们设置了每天、每周、每月、半年、一年、一年以上六个选项（见表3-38）。

表3-38　　　　户口与父母和子女见面的频率交叉表

户口		农村			城市		
		频数（人）	占比（%）	累计占比（%）	频数（人）	占比（%）	累计占比（%）
与子女见面频率	每天	33	23.2	23.2	47	39.5	39.5
	每周	19	13.4	36.6	32	26.9	66.4
	每月	49	34.5	71.1	17	14.3	80.7
	半年	37	26.1	97.2	18	15.1	95.8
	一年	4	2.8	100.0	4	3.4	99.2
	一年以上	0	0	100.0	1	0.8	100.0
	合计	142	100.0	—	119	100.0	—

从表3-38可以看出：在每天、每周子女与父母见面的比例中，农村独生子女父母均低于城市独生子女父母，农村独生子女父母共有36.6%，城市独生子女父母有66.4%，农村独生子女父母比城市独生子女父母低了29.8%；每月和半年与子女见面的农村独生子女父

母分别是34.5%、26.1%,城市独生子女父母是14.3%、15.1%,农村独生子女父母高于城市独生子女父母;一年或一年以上与子女见面的频率中,农村独生子女父母和城市独生子女父母相差不大。这说明农村独生子女父母与子女见面的频率总体低于城市独生子女父母,可能的原因是农村独生子女因为就学或者工作的原因离开父母到城市生活,无法经常与父母见面,而城市独生子女更有可能在父母所在的城市学习或工作,所以有机会经常和父母见面。

3. 独生子女父母与子女的关系

在"独生子女父母与子女关系"的选项中,我们设置了紧张、一般、好三个选项(见表3-39)。

表3-39　　　　　　户口与独生子女和父母的关系交叉表

户口		农村			城市		
		频数(人)	占比(%)	累计占比(%)	频数(人)	占比(%)	累计占比(%)
与子女关系	紧张	1	0.7	0.7	0	0	0
	一般	35	24.6	25.4	29	24.4	24.4
	好	106	74.6	100.0	90	75.6	100.0
	合计	142	100.0	—	119	100.0	—

从表3-39可以看出:独生子女父母与子女关系紧张的非常少,农村只有1人,占0.7%,而城市没有;独生子女父母与子女关系一般的,农村和城市相差不大;独生子女父母与子女关系好的,农村和城市分别是74.6%和75.6%,两者的比例也很接近。这说明无论是城市还是农村,独生子女父母与子女的关系都比较好,占3/4左右。可能的原因是独生子女父母就一个孩子,父母把最好的东西都给了唯一的孩子,独生子女又没有兄弟姐妹分享父母的爱,所以与父母的关系较好。

4. 独生子女父母是否感到孤独

在"独生子女父母是否感到孤独"选项中，我们设置了经常感到、有时感到、无孤独感三个选项（见表3-40）。

表3-40　　户口与独生子女父母是否感到孤独交叉表

户口		农村			城市		
		频数（人）	占比（%）	累计占比（%）	频数（人）	占比（%）	累计占比（%）
孤独感	经常感到	11	7.7	7.7	10	8.4	8.4
	有时感到	81	57.0	64.8	56	47.1	55.5
	无孤独感	50	35.2	100.0	53	44.5	100.0
	合计	142	100.0	—	119	100.0	—

从表3-40可以看出：农村独生子女父母经常感到孤独的比例是7.7%，低于城市独生子女父母的8.4%；农村独生子女父母有时感到孤独的比例是57%，高于城市独生子女父母的47.1%；无孤独感的农村独生子女父母是35.2%，城市是44.5%，城市比农村高了9.3%。结合表3-37、表3-38的相关因素分析，城市独生子女父母没有孤独感的比例之所以高于农村独生子女父母，主要是因为城市独生子女父母闲暇生活安排得较丰富，他们与子女的见面的频率高于农村独生子女父母。

上述的研究表明：城市独生子女父母闲暇生活安排的更丰富，他们与子女见面的频率也高于农村独生子女父母，他们与子女的关系和农村独生子女父母一样，都比较好，所以城市独生子女父母感到孤独的比例低于农村独生子女父母。

三、城乡独生子女父母养老意愿的差别

对于城乡独生子女父母养老的意愿，我们主要从是否需要子女的经济支持、是否愿意和子女居住养老、住养老院的意愿和是否需要志愿者服务四个方面分析。

(一) 城乡独生子女父母是否需要子女的经济支持

在"城乡独生子女父母是否需要子女的经济支持"选项上,我们设置了需要、不需要和无所谓三个选项(见表3-41)。

表3-41　　　户口与是否需要子女的经济支持交叉表

户口		农村			城市		
		频数(人)	占比(%)	累计占比(%)	频数(人)	占比(%)	累计占比(%)
子女的经济支持	需要	50	35.2	35.2	18	15.1	15.1
	不需要	73	51.4	86.6	89	74.8	89.9
	无所谓	19	13.4	100.0	12	10.1	100.0
	合计	142	100.0	—	119	100.0	—

从表3-41可以看出:农村独生子女父母需要子女经济支持的比例是35.2%,城市是15.1%,农村的比例是城市的2倍多;不需要子女经济支持的农村独生子女父母是51.4%,城市独生子女父母是74.8%,城市比农村高了23.4%;对子女的经济支持无所谓的农村独生子女父母是13.4%,城市独生子女父母是10.1%。由此说明,有一半以上的农村独生子女父母不需要子女的经济支持,而城市独生子女父母有近3/4的人不需要子女的经济支持。可能是因为城市独生子女父母收入高于农村独生子女父母,大部分城市独生子女父母有养老金不需要子女的经济支持。

(二) 城乡独生子女父母是否愿意与子女居住养老

在"城乡独生子女父母是否愿意与子女居住养老"选项中,我们设置了愿意、不愿意、看情况三个选项(见表3-42)。

表3-42　　户口与父母和子女居住养老的意愿交叉表

户口		农村			城市		
		频数（人）	占比（%）	累计占比（%）	频数（人）	占比（%）	累计占比（%）
和子女居住养老	愿意	82	57.7	57.7	57	47.9	47.9
	不愿意	19	13.4	71.1	30	25.2	73.1
	看情况	41	28.9	100.0	32	26.9	100.0
	合计	142	100.0	—	119	100.0	—

从表3-42可以看出：愿意与子女居住养老的农村独生子女父母是57.7%，高于城市独生子女父母的47.9%；在不愿意与子女居住养老的选项中，农村独生子女父母是13.4%，低于城市独生子女父母的25.2%；在看情况的选项中，农村独生子女父母是28.9%，城市独生子女父母是26.9%，农村高于城市。说明受传统观念的影响，大部分农村独生子女父母还是倾向于和子女住在一起养老，只有一成多一点的农村独生子女父母不愿意和子女住在一起养老。城市独生子女父母有不到一半的人表示愿意与子女居住养老，有1/4明确表示不愿意与子女居住养老。这说明城市独生子女父母更独立，他们经济能力较强，闲暇生活安排得更丰富，一部分人不愿意与子女居住养老。

（三）城乡独生子女父母住养老院的意愿

在"独生子女父母住养老院"的意愿中，我们设置了愿意、不愿意、看情况三个选项（见表3-43）。

从表3-43可以看出：愿意到养老院养老的农村独生子女父母是12%，城市独生子女父母是11.8%，两者相差不大；不愿意住养老院的农村独生子女父母是68.3%，城市独生子女父母是63%，农村独生子女父母比城市独生子女父母高了5.3%；看情况是否住养老院的农村独生子女父母是19.7%，城市独生子女父母是25.2%，城市独生子女父母高于农村独生子女父母。由此可以说明，不愿意住养老

第三章 城乡独生子女父母和多子女父母养老差别的描述性统计分析

院的农村独生子女父母高于城市独生子女父母,选择看情况的比例也低于城市独生子女父母,可能是农村的养老观念还是很传统,希望由子女养老或者自己在家养老。

表3-43　　　　　户口与住养老院意愿交叉表

户口		农村			城市		
		频数(人)	占比(%)	累计占比(%)	频数(人)	占比(%)	累计占比(%)
住养老院意愿	愿意	17	12.0	12.0	14	11.8	11.8
	不愿意	97	68.3	80.3	75	63.0	74.8
	看情况	28	19.7	100.0	30	25.2	100.0
	合计	142	100.0	—	119	100.0	—

(四)城乡独生子女父母需要志愿者服务的意愿

在"城乡独生子女父母是否需要志愿者服务"的意愿中,我们设置了需要、不需要和无所谓三个选项(见表3-44)。

表3-44　　　　户口与是否需要志愿者服务交叉表

户口		农村			城市		
		频数(人)	占比(%)	累计占比(%)	频数(人)	占比(%)	累计占比(%)
志愿者服务	需要	42	29.6	29.6	45	37.8	37.8
	不需要	57	40.1	69.7	41	34.5	72.3
	无所谓	43	30.3	100.0	33	27.7	100.0
	合计	142	100.0	—	119	100.0	—

从表3-44可以看出:农村独生子女父母需要志愿者服务的比例是29.6%,城市独生子女父母是37.8%,城市比农村高了8.2%;

不需要志愿者服务的农村独生子女父母是40.1%，高于城市独生子女父母的34.5%；无所谓的选项中，农村独生子女父母高于城市独生子女父母。说明农村独生子女父母对志愿者服务的认知度不高，城市独生子女父母可能经常看到并参与志愿者服务，他们对志愿者服务的认知度较高，更愿意接受志愿者服务。

上述的研究表明：农村独生子女父母与城市独生子女父母相比，更需要子女的经济支持，更愿意与子女居住养老，更不愿意住养老院，更不需要志愿者服务。可能是因为农村独生子女父母受传统观念的影响，更希望家庭和子女养老，城市独生子女父母更能接受新观念，更愿意自己养老或住养老院，也更愿意接受志愿者服务。

四、城乡独生子女父母养老方式和养老意愿研究结论

通过上述的描述统计分析，得出城乡独生子女父母养老方式和养老意愿的差别如下：

一是农村独生子女在结婚以后选择和父母一方或父母双方一起居住的比例高于城市独生子女。

二是城市独生子女父母的生活费来源主要是自己和配偶，而农村独生子女父母生活费主要是自己和子女；城市独生子女对父母的经济供养额高于农村独生子女；城市独生子女父母参加养老保险的比例高于农村独生子女父母。

三是城市独生子女父母闲暇生活安排的更丰富，他们与子女见面的频率也高于农村独生子女父母，他们与子女的关系和农村独生子女父母一样，都比较好，城市独生子女父母感到孤独的比例低于农村独生子女父母。

四是农村独生子女父母与城市独生子女父母相比，更需要子女的经济支持，更愿意与子女居住养老，更不愿意住养老院，更不需要志愿者服务。

第四章
子女数对代际支持家庭养老影响的回归分析

第一节 城市子女数对代际支持家庭养老影响的回归分析

我们主要从子女的经济供养、生活和生病照顾主体、养老意愿和养老的困难四个方面对城市子女数对家庭养老的影响进行回归分析。

一、城市子女的经济供养对代际支持家庭养老影响的回归分析

通过城市独生子女和多子女对父母的年供养额度,来研究子女数对代际支持家庭养老的影响。为了便于研究,将年供养额度的档次由原来的5档合并为3档,分别为2000元以下、2001~8000元,以及8000元以上,并以"2000元以下"和"2001~8000元"为分割点,进行有序logistic回归,结果如表4-1所示。

表4-1　子女对父母经济供养的有序logistic回归结果

变量		项目	系数(B)	标准差	Wald	P值	95%置信区间		Exp(B)
							下限	上限	
因变量	年供养额度	2000元以下	-1.340	0.286	21.963	0.000	-1.900	-0.779	—
		2001~8000元	0.729	0.280	6.770	0.009	0.180	1.279	—

续表

变量		项目	系数(B)	标准差	Wald	P值	95%置信区间		Exp(B)
							下限	上限	
自变量	子女个数	独生子女	-1.019	0.285	12.813	0.000	-1.577	-0.461	0.361
		多子女	0ª	—	—	—	—	—	—
	年人均收入	5000元以下	-3.125	0.663	22.200	0.000	-4.426	-1.825	0.044
		5001~10000元	-1.361	0.509	7.139	0.008	-2.360	-0.363	0.256
		10001~20000元	-1.235	0.413	8.952	0.003	-2.044	-0.426	0.291
		20001~40000元	-1.179	0.340	12.035	0.001	-1.845	-0.513	0.308
		40000元以上	0ª	—	—	—	—	—	—
	年老担心	没钱养老	-0.748	0.427	3.071	0.080	-1.586	0.089	0.473
		没人照顾	0ª	—	—	—	—	—	—
检验		似然比检验	卡方=55.726		自由度=6		P值=0.000		—
		平行线检验	卡方=9.843		自由度=6		P值=0.131		

从表4-1可以看出：子女个数、年人均收入，以及年老担心是影响年供养额度的显著因素。首先，独生子女前的系数为-1.019，说明相比于多子女，独生子女对父母的年供养额度更有可能处在低档次；Exp(B)=0.361，含义是多子女年供养额度至少高出独生子女一档的可能性，多子女年供养额度是独生子女的2.770倍（0.361的倒数）。其次，年人均收入各个档次前的系数都在1%的水平下显著，且随着收入的提高，系数也在逐渐增大，说明相对于40000元以上的年人均收入，年人均收入的提高可能会使年供养额度也提高。最后，看年老担心，没钱养老的系数为-0.748，说明担心没钱养老的父母，年供养额度往往较低，这个倾向在10%的水平上显著；Exp(B)=0.473，说明担心没人照顾的父母的子女的供养额是担心没钱养老的父母的2.114倍（0.173的倒数）。

由此得出：城市多子女对父母的经济供养高于独生子女父母，随着两类家庭年人均收入的提高，子女对父母的经济供养也会提高，同时我们看到，担心没人照顾的父母，其子女的经济供养额度高于担心没钱养老的父母。

二、城市父母生活和生病照顾主体对代际支持家庭养老影响的回归分析

（一）父母的生活照顾主体对代际支持家庭养老影响的回归分析

为了便于研究，我们将生活照顾主体的五类合并为自己或配偶、子女、其他人三类，并以"其他人"作为对比项，进行多项 logistic 回归分析，回归结果如表 4-2 所示。

表 4-2　父母生活照顾主体的多项 logistic 回归结果

自变量	项目	系数（B）	标准差	Wald	P 值	Exp（B）	95% 置信区间 下限	95% 置信区间 上限
\multicolumn{9}{c}{自己或配偶为生活照料主体}
	截距	2.114	1.020	4.290	0.038	—	—	—
子女个数	独生子女	-1.215	0.769	2.492	0.114	0.297	0.066	1.341
	多子女	0ª	—	—	—	—	—	—
单身与否	是	-1.549	0.755	4.209	0.040	0.212	0.048	0.933
	否	0ª	—	—	—	—	—	—
健康状况	没病	1.717	1.022	2.819	0.093	5.565	0.750	41.280
	有小病	3.556	1.365	6.784	0.009	35.032	2.411	508.929
	有慢性病	2.183	1.062	4.226	0.040	8.870	1.107	71.059
	有大病	0a	—	—	—	—	—	—
\multicolumn{9}{c}{子女为生活照料主体}
	截距	1.764	1.055	2.794	0.095	—	—	—
子女个数	独生子女	-1.744	0.855	4.159	0.041	0.175	0.033	0.934
	多子女	0ª	—	—	—	—	—	—

续表

自变量	项目	子女为生活照料主体					95%置信区间	
		系数(B)	标准差	Wald	P值	Exp(B)	下限	上限
单身与否	是	-0.474	0.832	0.324	0.569	0.623	0.122	3.182
	否	0ª	—	—	—	—	—	—
健康状况	没病	-0.402	1.125	0.127	0.721	0.669	0.074	6.069
	有小病	1.219	1.439	0.718	0.397	3.384	0.202	56.830
	有慢性病	0.513	1.112	0.213	0.644	1.671	0.189	14.773
	有大病	0a	—	—	—	—	—	—
似然比检验		卡方=28.191		自由度=10		P=0.002	—	

从表4-2的回归结果来看，子女个数、父母单身与否，以及父母健康状况是影响生活照料主体的显著因素。表的下半部分独生子女前的系数为-1.744，P值为0.041，说明多子女家庭的父母倾向于子女为生活照料主体；Exp(B)=0.175，说明多子女家庭选择子女作为生活照料主体的可能性是独生子女家庭的5.714倍（0.175的倒数）。表的上半部分中，单身父母前的系数为-1.549，P值为0.040，说明有配偶的父母倾向于自己或配偶为生活照料主体；Exp(B)=0.212，说明有配偶的父母选择自己或配偶为生活照料主体的可能性是单身父母的4.717倍（0.212的倒数）。从健康状况的各种情况前P值和系数来看，表的上半部分中有小病和有慢性病前的系数分别在1%和5%水平上显著，系数分别为3.556和2.183，说明相比于有大病的父母，有小病和慢性病的父母主要是以自己或配偶为生活照料主体。

由此可以得出，多子女父母由子女照顾其生活的比例大大高于独生子女父母，单身和有大病的父母生活由子女照顾的比例高于有配偶和小病及慢性病的父母。

（二）父母的生病照顾主体对代际支持家庭养老影响的回归分析

为了便于研究，我们将父母的生病照顾主体中原来设置的六个选项，合并为自己或配偶、子女、其他人三个选项，并且以"子女"作为对比项，进行多项 logistic 回归分析，回归结果如表 4-3 所示。

表 4-3　父母的生病照顾主体多项 logistic 回归结果

自变量	项目	系数（B）	标准差	Wald	P 值	Exp（B）	95% 置信区间	
							下限	上限
自己或配偶为生病照料主体								
	截距	0.662	0.214	9.592	0.002	—	—	—
子女个数	独生子女	1.145	0.317	13.048	0.000	3.141	1.688	5.846
	多子女	0^a	—	—	—	—	—	—
单身与否	是	-1.563	0.363	18.528	0.000	0.210	0.103	0.427
	否	0^a	—	—	—	—	—	—
其他人为生病照料主体								
	截距	-3.940	1.086	13.171	0.000	—	—	—
子女个数	独生子女	0.428	0.961	0.198	0.656	1.534	0.233	10.081
	多子女	0^a	—	—	—	—	—	—
单身与否	是	1.882	1.145	2.701	0.100	6.568	0.696	61.975
	否	0^a	—	—	—	—	—	—
似然比检验		卡方 = 43.289		自由度 = 4		P = 0.000	—	

从表 4-3 的回归结果来看，子女个数和单身与否是显著的影响因素。表的上半部分中，独生子女前的系数为 1.145，说明相比于以子女为生病照料主体，独生子女的父母更倾向于自己或配偶作为生病照料主体；Exp（B）= 3.141，说明独生子女父母选择自己或配偶为生病照料主体的可能性是多子女父母的 3.141 倍。单身父母前的系数为 -1.563，说明有配偶的父母倾向于以自己或配偶为生病照料主体；Exp（B）= 0.210，说明相对于子女为生病照料主体，有配偶的父母选

择自己或配偶为生病照料主体的可能性是单身父母的 4.762 倍（0.210 的倒数）。

由此可以得出，多子女父母在生病时由子女照顾的比例大大高于独生子女父母，单身的父母在生病时由子女照顾的比例高于有配偶的父母。

三、城市父母养老意愿对代际支持家庭养老影响的回归分析

对于城市父母的养老意愿，我们主要从是否需要子女的经济支持和是否愿意与子女居住养老两个方面进行回归分析。

（一）是否需要子女的经济支持对代际支持家庭养老影响的回归分析

在"父母是否需要子女的经济支持"中，我们设置了需要、不需要和无所谓三个选项，并以"父母需要子女的经济支持"作为对比项，进行多项 logistic 回归分析，回归结果如表 4-4 所示。

表 4-4　父母是否需要子女经济支持的多项 logistic 回归结果

自变量	项目	父母不需要子女的经济支持					95% 置信区间	
		系数(B)	标准差	Wald	P 值	Exp(B)	下限	上限
	截距	-1.844	0.518	12.659	0.000	—		
子女个数	独生子女	1.034	0.374	7.644	0.006	2.813	1.351	5.856
	多子女	0^a	—	—	—	—		
单位性质	机关和事业单位	3.374	0.668	25.528	0.000	29.187	7.885	108.035
	国企	3.356	0.647	26.880	0.000	28.675	8.063	101.973
	私企	1.979	0.642	9.514	0.002	7.237	2.058	25.453
	个体	1.544	0.601	6.593	0.010	4.684	1.441	15.221
	其他	0^a	—	—	—	—		

续表

自变量	项目	父母对子女的经济支持无所谓					95%置信区间	
		系数(B)	标准差	Wald	P值	Exp(B)	下限	上限
	截距	-1.555	0.489	10.124	0.001	—	—	—
子女个数	独生子女	0.761	0.503	2.291	0.130	2.141	0.799	5.738
	多子女	0ª	—	—	—	—	—	—
单位性质	机关和事业单位	0.696	0.811	0.735	0.391	2.005	0.409	9.835
	国企	0.716	0.782	0.839	0.360	2.047	0.442	9.483
	私企	0.217	0.767	0.080	0.777	1.242	0.276	5.581
	个体	0.491	0.628	0.613	0.434	1.634	0.478	5.594
	其他	0ª	—	—	—	—	—	—
似然比检验		卡方=75.706		自由度=10		P=0.000	—	

从表4-4回归结果来看，子女个数和单位性质是影响父母是否需要子女经济支持的显著因素。表的上半部分中，独生子女前的系数为1.034，P值为0.006，说明独生子女的父母更倾向于不需要子女的经济支持；Exp(B)=2.813，说明独生子女父母选择不需要子女经济支持的可能性是多子女父母的2.813倍。从单位性质来看，表的上半部分中，单位性质中各个类别前的系数均显著，说明相对于单位性质为其他的父母，机关和事业单位、国企、私企及个体经营的父母都倾向于不需要子女的经济支持，其中，机关和事业单位及国企前的系数较大，说明单位性质为这三类的父母更倾向于不需要子女的经济支持，他们的经济状况更好。

由此说明，城市独生子女父母不需要子女经济支持的比例大大高于多子女父母，工作单位是机关事业单位和国企的父母更不需要子女的经济支持。

（二）是否愿意与子女居住养老对代际支持家庭养老影响的回归分析

在"父母是否愿意与子女居住养老"的选项上，我们设置了愿意、不愿意、看情况三个选项，并以"看情况"作为对比项，进行多项 logistic 回归分析，回归结果如表 4-5 所示。

表 4-5　父母是否愿意与子女居住养老的多项 logistic 回归结果

自变量	项目	系数(B)	标准差	Wald	P 值	Exp(B)	95% 置信区间	
							下限	上限
父母与子女居住养老								
	截距	0.133	0.668	0.040	0.842	—	—	—
子女个数	独生子女	-0.088	0.363	0.059	0.809	0.916	0.450	1.865
	多子女	0ª	—	—	—	—	—	—
年供养额度	0 元	-0.753	0.525	2.060	0.151	0.471	0.168	1.317
	1~2000 元	0.601	0.675	0.793	0.373	1.824	0.486	6.843
	2001~5000 元	0.162	0.614	0.070	0.791	1.176	0.353	3.918
	5001~8000 元	0.226	0.657	0.118	0.731	1.253	0.346	4.545
	8000 元以上	0ª	—	—	—	—	—	—
子女的经济支持	需要	0.916	0.580	2.489	0.115	2.499	0.801	7.796
	不需要	0.925	0.540	2.941	0.086	2.523	0.876	7.266
	无所谓	0ª	—	—	—	—	—	—
父母不与子女居住养老								
	截距	-0.941	0.867	1.179	0.278	—	—	—
子女个数	独生子女	-0.690	0.403	2.933	0.087	0.502	0.228	1.105
	多子女	0ª	—	—	—	—	—	—
年供养额度	0 元	0.882	0.755	1.365	0.243	2.415	0.550	10.596
	1~2000 元	1.735	0.900	3.716	0.054	5.669	0.971	33.079
	2001~5000 元	1.527	0.842	3.287	0.070	4.606	0.884	24.010
	5001~8000 元	0.903	0.902	1.002	0.317	2.467	0.421	14.466
	8000 元以上	0ª	—	—	—	—	—	—

续表

| 自变量 | 项目 | 父母不与子女居住养老 ||||| 95%置信区间 ||
		系数(B)	标准差	Wald	P值	Exp(B)	下限	上限
子女的经济支持	需要	-0.681	0.677	1.014	0.314	0.506	0.134	1.906
	不需要	0.827	0.564	2.151	0.143	2.286	0.757	6.905
	无所谓	0[a]	—	—	—	—	—	—
似然比检验		卡方=34.214		自由度=14		P=0.002		—

从表4-5的回归结果来看,首先,子女个数、年供养额度和是否需要子女的经济支持是影响父母是否愿意与子女居住养老的显著因素。表4-5下半部分独生子女前的系数为-0.690,说明相比于看情况的态度,多子女父母倾向于不与子女居住养老;P值=0.087,说明这个倾向在10%的显著性水平上显著;Exp(B)=0.502,说明相对于看情况的态度,多子女父母选择不与子女居住养老的可能性是独生子女父母的1.992倍(0.502的倒数)。其次,从年供养额度来看,通过回归系数的正负和P值大小可以看出,相对于年供养额度为5000元以上的父母,年供养额度在1~5000元的父母有不与子女居住养老的倾向,这个倾向在10%的显著性水平上显著。最后,从是否需要子女的经济支持对父母是否愿意与子女居住养老的影响来看,从回归系数和P值可以看出,不需要子女经济支持的父母倾向于和子女居住养老,这个倾向在10%水平上显著;Exp(B)=2.523,说明相对于对子女的经济支持持无所谓态度的父母,不需要子女经济支持的父母与子女居住养老的意愿是需要子女经济支持的父母的2.523倍。

由此得出,城市独生子女父母愿意与子女居住养老的比例高于多子女父母,不需要子女经济支持的父母更愿意与子女居住养老。

四、城市父母年老担心对代际支持家庭养老影响的回归分析

对于"父母年老担心"选项,设置没钱养老、没人照顾两个选项。设:没钱养老 = 0,没人照顾 = 1,进行二元 logistic 回归分析,回归结果如表 4-6 所示。

表 4-6　　　　　父母年老担心的二元 logistic 回归结果

自变量	系数(B)	标准差	Wald	自由度	P 值	Exp(B)
单位性质	—	—	9.010	4	0.061	—
机关和事业单位	1.788	0.725	6.092	1	0.014	5.979
国企	0.770	0.585	1.732	1	0.188	2.161
私企	0.573	0.642	0.796	1	0.372	1.773
个体	-0.161	0.503	0.102	1	0.750	0.852
参加养老保险	1.049	0.464	5.115	1	0.024	2.854
常量	0.212	0.475	0.199	1	0.655	1.236
似然比检验	卡方 = 26.966		自由度 = 5		P 值 = 0.000	

从表 4-6 可以看出:单位性质和参加养老保险与否是影响父母年老担心方面差别的显著因素。从回归结果的 P 值来看,机关和事业单位的父母相对于其他单位性质的父母,更加担心没人照顾,其担心没人照顾的可能性是其他单位性质父母的 5.979 倍。参加养老保险前的系数为 1.049,说明参加了养老保险的父母更加担心没人照顾,其担心没人照顾的可能性是未参加养老保险父母的 2.854 倍。

由此得出,城市父母是机关事业单位和参加养老保险的,更担心无人照顾,在其他单位工作或者没有参加养老保险的父母更担心没钱养老。

五、城市子女数对代际支持家庭养老影响的回归分析总结

通过上述四个方面的回归分析,得出城市独生子女父母和多子女父母养老方式、养老意愿和养老担心的结论如下:

一是城市多子女对父母的经济供养额高于独生子女,随着城市家庭年人均收入的提高,子女对父母的经济供养额度也会提高,同时我们看到,担心没人照顾的城市父母,其子女的经济供养额度高于担心没钱养老的父母。

二是城市多子女父母由子女照顾其生活的比例大大高于独生子女父母,多子女父母在生病时由子女照顾的比例也大大高于独生子女父母,同时我们发现,单身和有大病的城市父母由子女照顾的比例高于有配偶和小病及慢性病的父母。

三是城市独生子女父母不需要子女经济支持的比例大大高于多子女父母,独生子女父母愿意与子女居住养老的比例高于多子女父母,不需要子女经济支持的父母更愿意与子女居住养老,同时在机关事业单位和国企工作的父母不需要子女的经济支持。

四是城市机关事业单位和参加养老保险的父母更担心无人照顾,在其他单位工作或者没有参加养老保险的父母更担心没钱养老。

第二节 农村子女数对代际支持家庭养老影响的回归分析

我们主要从子女的经济供养、生活和生病照顾主体、养老意愿和养老的困难四个方面对农村子女数对代际支持家庭养老的影响进行回归分析。

一、农村子女的经济供养对代际支持家庭养老影响的回归分析

为了研究方便，将年供养额度的档次由原来的五档合并成三档，分别为 2000 元以下、2001~8000 元及 8000 元以上，并以"2000 元以下"和"2001~8000 元"为分割点，进行有序 logistic 回归，回归结果如表 4-7 所示。

表 4-7　子女对父母经济供养的有序 logistic 回归结果

变量		项目	系数(B)	标准差	Wald	P值	95% 置信区间		Exp(B)
							下限	上限	
因变量	年供养额度	2000 元以下	0.278	0.225	1.530	0.216	-0.162	0.718	—
		2001~8000 元	2.761	0.278	98.420	0.000	2.215	3.306	—
自变量	子女个数	独生子女	-1.564	0.258	36.836	0.000	-2.069	-1.059	0.209
		多子女	0ª	—	—	—	—	—	—
	养老保险	参加	0.581	0.224	6.698	0.010	0.141	1.021	1.788
		未参加	0ª	—	—	—	—	—	—
	子女年龄	20 岁以下	-0.881	0.436	4.087	0.043	-1.736	-0.027	0.414
		21~30 岁	-0.160	0.243	0.436	0.509	-0.636	0.316	0.852
		31~40 岁	0.100	0.249	0.162	0.687	-0.388	0.589	1.106
		40 岁以上	0ª	—	—	—	—	—	—
检验		似然比检验	卡方=64.428		自由度=5		P值=0.000		—
		平行线检验	卡方=6.741		自由度=5		P值=0.241		—

从表 4-7 可以看出：农村子女个数、参加养老保险与否，以及子女年龄是影响年供养额度的显著因素。独生子女前的系数为 -1.564，说明相比于多子女，独生子女对父母的年供养额度更有可能处在低档次；Exp(B)=0.209，说明多子女对父母的年供养额度至少高出独生子女一档的可能性，多子女对父母的年供养额度是

独生子女的 4.785 倍（0.209 的倒数）。参加养老保险前的系数为 0.581，说明相比于不参加养老保险，参加养老保险的父母，其子女年供养额度更有可能处在较高档次；Exp(B) = 1.788，相比于未参加养老保险的父母，其子女的年供养额度至少高出一档的可能性，参加养老保险的父母其子女供养额是不参加养老保险父母的 1.788 倍。再看子女的年龄，只有 20 岁以下前的系数在 5% 的水平下显著，系数 = -0.881，说明相对于 40 岁以上的子女，该年龄段的子女年经济供养额度更有可能处在较低档次，Exp(B) = 0.414，说明 40 岁以上子女年经济供养额度至少高出一挡的可能性，40 岁以上子女对父母的年经济供养额是 20 岁以下子女的 2.415 倍（0.414 的倒数）。

由此得出，农村多子女对父母的经济供养额度高于独生子女；参加养老保险的父母，其子女对他们的年经济供养额高于没有参加养老保险的父母；子女的年龄在 40 岁以上，其对父母经济供养额高于 20 岁以下的子女，主要是因为 20 岁以下的子女还没有收入，无法对父母进行供养。

二、生活和生病照顾主体对代际支持家庭养老影响的回归分析

（一）生活照顾主体对代际支持家庭养老影响的回归分析

为了便于研究，将生活照顾主体指标由原来的五类合并成三类，分别是自己或配偶、子女、其他人，并且以第三类为对比项，进行多项 logistic 回归，回归结果如表 4-8 所示。

表4-8 生活照顾主体的多项logistic回归结果

自变量	项目	系数(B)	标准差	Wald	P值	Exp(B)	95%置信区间	
							下限	上限
自己或配偶为生活照料主体								
	截距	2.253	0.474	22.629	0.000	—	—	—
年龄	51~60岁	1.542	0.649	5.647	0.017	4.673	1.310	16.667
	61~70岁	0.649	0.480	1.825	0.177	1.914	0.746	4.908
	71~80岁	0.884	0.467	3.583	0.058	2.419	0.969	6.040
	80岁以上	0ª	—	—	—	—	—	—
单身与否	是	-1.500	0.402	13.924	0.000	0.223	0.101	0.491
	否	0ª	—	—	—	—	—	—
其他人为生活照料主体								
	截距	-0.212	1.123	0.036	0.851	—	—	—
年龄	51~60岁	0.533	1.308	0.166	0.684	1.703	0.131	22.128
	61~70岁	-0.106	1.216	0.008	0.931	0.900	0.083	9.753
	71~80岁	-19.801	0.000			0.000	0.000	0.000
	80岁以上	0ª	—	—	—	—	—	—
单身与否	是	-21.916	0.000			0.000	0.000	0.000
	否	0ª	—	—	—	—	—	—
似然比检验		卡方=49.733		自由度=8		P=0.000		—

从表4-8回归结果来看：以"子女为生活照料主体"作为对比项，此时父母年龄和父母单身与否是显著的影响因素。从年龄的各个档次和P值来看，51~60岁前的系数为1.542，P值为0.017，在5%的水平上显著，说明相比于80岁以上的父母，51~60岁的父母最倾向于以自己或配偶为生活照料主体，Exp(B)=4.673，说明51~60岁的父母选择自己或配偶为生活照料主体的可能性是80岁以上父母的4.673倍。单身父母前的系数为-1.500，说明相对于以子女为生活照料主体，有配偶的父母倾向于以自己或配偶为生活照料主体；Exp(B)=0.223，说明有配偶的父母选择自己或配偶为生活照

料主体的可能性是单身父母的4.484倍（0.223的倒数）。

由此得出，51~60岁的父母生活照顾主体主要是自己和配偶，因为他们年龄不大，身体较为健康，不需要子女的照顾；有配偶的父母主要是由自己照顾，单身的父母主要由子女照顾。

（二）生病照顾主体对代际支持家庭养老影响的回归分析

为了便于研究，将生病照顾主体指标由原来的六类合并成三类，分别是自己或配偶、子女、其他人，并且以"其他人"作为对比项，进行多项logistic回归，回归结果如表4-9所示。

表4-9　　生病照顾主体的多项logistic回归结果

自变量	项目	系数(B)	标准差	Wald	P值	Exp(B)	95%置信区间	
							下限	上限
自己或配偶为生病照料主体								
	截距	6.854	1.231	30.997	0.000	—	—	—
子女个数	独生子女	-2.845	1.125	6.400	0.011	0.058	0.006	0.527
	多子女	0^a	—	—	—	—	—	—
单身与否	是	-2.843	0.904	9.884	0.002	0.058	0.010	0.343
	否	0^a	—	—	—	—	—	—
其他人为生病照料主体								
	截距	5.343	1.234	18.738	0.000	—	—	—
子女个数	独生子女	-3.064	1.129	7.366	0.007	0.047	0.005	0.427
	多子女	0^a	—	—	—	—	—	—
单身与否	是	-1.093	0.910	1.443	0.230	0.335	0.056	1.994
	否	0^a	—	—	—	—	—	—
似然比检验		卡方=76.460		自由度=4		P=0.000		

从表4-9的结果来看，子女个数、父母单身与否是影响其生病照料主体的显著因素。独生子女前的系数在上下部分都显著，P值分别为0.011和0.007，说明相对于以子女为生病照料主体，多子女家

庭的父母既有以自己或配偶为生病照料主体的倾向，也有以子女为生病照料主体的倾向。表4-9的上半部分中，单身父母前的系数为-2.843，说明与以子女为生病照顾主体相比，有配偶的父母更倾向于以自己或配偶为生病照料主体；Exp(B) = 0.058，说明相对于子女为生病照料主体，有配偶的父母选择以自己为生病照料主体的可能性是单身父母的17.241倍（0.058的倒数）。

由此得出，独生子女父母如果有配偶，其生病时主要由自己或配偶照顾；如果是单身的父母主要由子女照顾；多子女家庭可能是自己或配偶照顾，也可能是子女照顾。

三、农村父母的精神慰藉对代际支持家庭养老影响的回归分析

通过研究农村父母与子女的关系、与子女见面的频率，研究农村父母的精神慰藉情况，假设父母与子女的关系：紧张 = 0，较好 = 1，采用二元 logistic 回归分析，回归结果如表4-10所示。

表4-10　农村父母精神慰藉的二元 logistic 回归结果

自变量	系数(B)	标准差	Wald	自由度	P值	Exp(B)
孤独感	—	—	8.104	2	0.017	—
经常感到	-2.615	1.133	5.324	1	0.021	0.073
有时感到	-0.948	1.119	0.717	1	0.397	0.388
多久见子女一次	—	—	10.507	5	0.062	—
每天	4.067	1.512	7.230	1	0.007	58.368
每周	3.545	1.521	5.432	1	0.020	34.655
每月	4.755	1.668	8.122	1	0.004	116.113
半年	3.227	1.462	4.871	1	0.027	25.213
一年	2.467	1.543	2.556	1	0.110	11.785
常量	1.282	1.700	0.568	1	0.451	3.603
似然比检验	卡方 = 25.118		自由度 = 7		P值 = 0.001	

第四章 子女数对代际支持家庭养老影响的回归分析

从表4-10的结果来看,孤独感和父母与子女见面频率是影响父母与子女关系的显著因素。经常感到孤独前的系数为-2.615,说明经常感到孤独的父母,往往与子女关系较差;Exp(B)=0.073,说明无孤独感的父母与子女关系更好的可能性是经常感到孤独父母的13.699倍(0.073的倒数)。从与子女见面频率的各个档次前的系数和P值来看,相比于一年以上才能见子女一次的父母,每天、每周、每月、半年见父母一次都有利于维持较好的父母与子女关系,其中每月前的系数最大,P值最小,说明每月与子女见面一次的父母,与子女关系更好。

由此得出,与子女关系较差的农村父母孤独感较强,每月与子女见面的农村父母与子女的关系更好。

四、农村父母的养老意愿对代际支持家庭养老影响的回归分析

对于农村父母的养老意愿,我们主要从是否需要子女的经济支持和是否愿意与子女居住养老两个方面进行分析。

(一)是否需要子女的经济支持对代际支持家庭养老影响的回归分析

在"是否需要子女的经济支持"选项中,分为需要、不需要和无所谓三个选项,并以"父母需要子女的经济支持"作为对比项,进行多项logistic回归分析,回归结果如表4-11所示。

表4-11 父母是否需要子女经济支持的多项logistic回归结果

自变量	项目	父母需要子女的经济支持						
		系数(B)	标准差	Wald	P值	Exp(B)	95%置信区间	
							下限	上限
	截距	2.305	0.481	22.956	0.000	—	—	—

续表

自变量	项目	系数(B)	标准差	Wald	P值	Exp(B)	95%置信区间	
							下限	上限
父母需要子女的经济支持								
子女个数	独生子女	0.144	0.366	0.154	0.695	1.155	0.563	2.367
	多子女	0ª	—	—	—	—	—	—
年龄	51~60岁	-1.649	0.566	8.487	0.004	0.192	0.063	0.583
	61~70岁	-0.802	0.530	2.288	0.130	0.448	0.158	1.268
	71~80岁	-0.110	0.583	0.035	0.851	0.896	0.286	2.811
	80岁以上	0ª	—	—	—	—	—	—
单位性质	机关和事业单位	-0.756	0.604	1.564	0.211	0.470	0.144	1.535
	国企	-1.770	0.947	3.496	0.062	0.170	0.027	1.089
	私企	-0.979	0.668	2.147	0.143	0.376	0.101	1.392
	个体	-0.392	0.354	1.225	0.268	0.676	0.338	1.352
	其他	0ª	—	—	—	—	—	—
父母不需要子女的经济支持								
	截距	0.180	0.595	0.092	0.762	—	—	—
子女个数	独生子女	0.766	0.361	4.502	0.034	2.151	1.060	4.362
	多子女	0ª	—	—	—	—	—	—
年龄	51~60岁	0.270	0.659	0.168	0.682	1.310	0.360	4.769
	61~70岁	0.278	0.642	0.187	0.665	1.320	0.375	4.645
	71~80岁	0.686	0.696	0.973	0.324	1.987	0.508	7.772
	80岁以上	0ª	—	—	—	—	—	—
单位性质	机关和事业单位	0.299	0.564	0.282	0.595	1.349	0.447	4.075
	国企	0.078	0.729	0.012	0.914	1.081	0.259	4.510
	私企	0.159	0.631	0.063	0.802	1.172	0.340	4.038
	个体	0.252	0.358	0.493	0.482	1.286	0.637	2.596
	其他	0ª	—	—	—	—	—	—
似然比检验		卡方=89.097		自由度=16		P=0.000	—	

从表4-11看出：子女个数、父母年龄，以及单位性质是影响农村父母需要子女经济支持与否的显著因素。表的下半部分中独生子女

前的系数为0.766，P值为0.034，说明独生子女家庭的父母更倾向于不需要子女的经济支持；Exp(B)=2.151，说明独生子女父母选择不需要子女经济支持的可能性是多子女父母的2.151倍。从父母年龄各个档次前的系数及P值来看，相对于51～60岁的父母，80岁以上的父母倾向于需要子女的经济支持；Exp(B)=0.192，说明80岁以上父母需要子女经济支持的可能性是51～60岁父母的5.208倍（0.192的倒数）。再看父母的单位性质，表4-11的上半部分国企前的系数在10%水平上显著，系数为-1.770，说明单位性质为其他的父母相对于国企父母，更倾向于需要子女经济支持；Exp(B)=0.170，说明单位性质为其他的父母需要子女经济支持的可能性是在国企工作父母的5.882倍（0.170的倒数）。

由此得出：农村多子女父母与独生子女父母相比，更需要子女的经济支持，同时，我们看到，在国企工作的农村父母与在其他单位工作的父母相比更不需要子女的经济支持。

（二）是否愿意与子女居住养老对代际支持家庭养老影响的回归分析

在"是否愿意与子女居住养老"的选项上，分为愿意、不愿意、看情况，并以"看情况"作为对比项，进行多项logistic回归分析，回归结果如表4-12所示。

表4-12　是否愿意与子女居住养老的多项logistic回归结果

自变量	项目	系数(B)	标准差	Wald	P值	Exp(B)	95%置信区间	
							下限	上限
	截距	0.765	0.155	24.300	0.000	—	—	—
子女个数	独生子女	-0.180	0.240	0.564	0.453	0.835	0.522	1.337
	多子女	0ᵃ	—	—	—	—	—	—

续表

自变量	项目	系数(B)	标准差	Wald	P值	Exp(B)	95%置信区间	
							下限	上限
父母与子女居住养老								
单身与否	是	0.729	0.293	6.212	0.013	2.074	1.169	3.681
	否	0ª	—	—	—	—	—	—
父母不与子女居住养老								
	截距	0.051	0.180	0.079	0.779	—	—	—
子女个数	独生子女	-0.901	0.323	7.783	0.005	0.406	0.216	0.765
	多子女	0ª	—	—	—	—	—	—
单身与否	是	0.582	0.341	2.915	0.088	1.790	0.917	3.493
	否	0ª	—	—	—	—	—	—
似然比检验		卡方=16.821		自由度=4		P=0.002	—	

从表 4-12 的回归结果看，子女个数和单身与否是影响父母是否愿意与子女居住养老的显著因素。表 4-12 的下半部分中，独生子女前的系数为 -0.901，说明相比看情况的态度而言，多子女父母倾向于不与子女居住养老，这个倾向在 1% 的水平上显著（P 值为 0.005）；Exp(B)=0.406，说明相对于看情况的态度，多子女父母选择不与子女居住养老的可能性是独生子女父母的 2.463 倍（0.406 的倒数）。单身前的系数为 0.729，说明单身父母更愿意选择与子女居住养老，该意愿在 5% 水平上显著（P 值为 0.013）；Exp(B)=2.074，说明单身父母选择与子女居住养老的可能性是非单身父母的 2.074 倍。

由此得出：农村独生子女父母与多子女父母相比更愿意与子女居住养老，单身的父母更愿意与子女居住养老。

五、农村父母年老担心对代际支持家庭养老影响的回归分析

对于"父母年老担心"选项，设置没钱养老、没人照顾两个选

项。假设：没钱养老=0，没人照顾=1，进行二元 logistic 回归分析，回归结果如表 4-13 所示。

表 4-13　　　　　年老担心的二元 logistic 回归结果

自变量	系数(B)	标准差	Wald	自由度	P 值	Exp(B)
年人均收入	—	—	28.428	4	0.000	—
5000 元以下	-2.092	0.470	19.793	1	0.000	0.123
5001~10000 元	-1.601	0.456	12.322	1	0.000	0.202
10001~20000 元	-1.158	0.447	6.726	1	0.010	0.314
20001~40000 元	-0.688	0.482	2.036	1	0.154	0.503
健康状况	—	—	11.566	3	0.009	—
没病	1.266	0.436	8.409	1	0.004	3.545
有小病	1.250	0.433	8.353	1	0.004	3.491
有慢性病	0.768	0.443	3.008	1	0.083	2.156
常量	1.101	0.539	4.173	1	0.041	3.006
似然比检验	卡方=49.778		自由度=7		P 值=0.000	

从表 4-13 的回归结果来看，年人均收入和健康状况是影响父母年老担心方面差别的显著因素。年人均收入 5000 元以下、5001~10000 元及 10001~20000 元的档次前的系数都在 1% 的水平上显著，且系数递增，说明随着收入的增加，父母对于没钱养老担心的可能性逐渐降低。没病和有小病前的系数分别为 1.266 和 1.250，都在 1% 的水平上显著，说明没病和有小病的父母相对于有大病的父母更加担心没人照顾，其担心没人照顾的可能性分别是有大病父母的 3.545 倍和 3.491 倍。

由此得出，年人均收入在 20000 元以下的农村父母更担心没钱养老，没有病和有小病的父母更担心年老无人照顾。

六、农村子女数对代际支持家庭养老影响的回归分析结论

通过上面五个方面的回归分析，得出农村独生子女父母和多子女父母的养老方式、养老意愿和养老担心，结果如下：

一是农村多子女对父母的经济供养额度高于独生子女；参加养老保险的父母，其子女对他们的年供养额高于没有参加养老保险的父母；子女的年龄在40岁以上的，对父母经济供养额高于20岁以下的子女。

二是51~60岁的父母生活照顾主体主要是自己和配偶，有配偶的父母主要是由自己照顾，单身的父母由子女照顾。独生子女父母如果有配偶，其生病时主要由自己或配偶照顾，如果是单身的独生子女父母由子女照顾，多子女家庭可能是自己或配偶照顾，也可能是子女照顾。

三是农村与子女关系较差的父母孤独感较强，每月与子女见面的农村父母与子女的关系较好。

四是农村多子女父母与独生子女父母相比，更需要子女的经济支持，在国企工作的农村父母更不需要子女的经济支持。农村独生子女父母与多子女父母相比更愿意与子女居住养老，单身的父母更愿意与子女居住养老。

五是年人均收入在20000元以下的农村父母更担心没钱养老，没有病和有小病的父母更担心年老无人照顾。

第三节　城乡独生子女对代际支持家庭养老影响的回归分析

我们主要从子女的经济供养、生活和生病照顾主体、养老意愿和养老的困难四个方面对城乡独生子女对代际支持家庭养老的影响进行回归分析。

第四章 子女数对代际支持家庭养老影响的回归分析

一、经济供养对城乡独生子女父母代际支持家庭养老影响的回归分析

为了便于研究,将年供养额度指标由原来的五档合并成三档,分别为2000元以下、2001~8000元以及8000元以上,并以"2000元以下"和"2001~8000元"为分割点,进行有序logistic回归,回归结果如表4-14所示。

表4-14　　对父母经济供养的有序logistic回归结果

变量		项目	系数(B)	标准差	Wald	P值	95%置信区间		Exp(B)
							下限	上限	
因变量	年供养额度	2000元以下	-0.114	0.228	0.251	0.617	-0.561	0.333	—
		2001~8000元	1.886	0.303	38.686	0.000	1.291	2.480	—
自变量	户口	农村	-0.539	0.323	2.789	0.095	-1.172	0.094	0.583
		城市	0ᵃ	—	—	—	—	—	—
	对已婚子女经济支持	需要	-1.082	0.401	7.287	0.007	-1.868	-0.296	0.339
		不需要	0ᵃ	—	—	—	—	—	—
检验	似然比检验		卡方=11.197		自由度=2		P值=0.004		—
	平行线检验		卡方=0.475		自由度=2		P值=0.789		—

从表4-14结果来看,户口和父母是否需要对已婚子女经济支持是影响独生子女父母年供养额度的显著因素。农村户口前的系数为-0.539,P值为0.095,在10%的水平上显著,说明城市户口子女对父母年经济供养额度可能较高,且较农村户口子女对父母年经济供养额度至少高一档的可能性,城市户口子女对父母年经济供养额度是农村户口的1.715倍(0.583的倒数)。父母需要对已婚子女经济支持前的系数为-1.082,说明不需要父母经济支持的子女年供养额度较高;Exp(B)=0.339,说明不需要父母经济支持的子女年供养额度至少高于需要父母经

济支持的子女一档的可能性,不需要父母经济支持的子女对父母的经济供养额度是需要父母经济支持的 2.950 倍(0.339 的倒数)。

由此得出,城市独生子女对父母年供养额度高于农村独生子女,不需要父母经济支持的子女对父母的供养额度高于需要父母经济支持的子女。

二、生病和生活照顾主体对城乡独生子女父母代际支持养老影响的回归分析

户口与生病照料主体和生活照料主体拟合优度检验的 P 值分别为 0.623 和 0.180,所以独生子女样本中生病照料主体和生活照料主体这两个指标在城乡独生子女中没有显著区别,这与第三章的描述统计结果是一致的。

三、与子女见面的频率对城乡独生子女父母精神慰藉影响的回归分析

由于其他的几个指标回归结果不显著,所以选择与子女见面的频率对城市、农村独生子女父母精神慰藉的差别进行研究,为了便于研究,将与子女见面频率的指标由原来的 6 档合并成 3 档,分别为每周、半年和一年或以上,并以每周和半年为分割点,进行有序 logistic 回归,回归结果如表 4-15 所示。

表 4-15　　与子女见面频率的有序 logistic 回归结果

变量		项目	系数(B)	标准差	Wald	P 值	95% 置信区间		Exp(B)
							下限	上限	
因变量	多久见子女一次	每周	1.307	0.450	8.436	0.004	0.425	2.189	—
		半年	4.882	0.578	71.256	0.000	3.749	6.016	—

续表

变量	项目		系数(B)	标准差	Wald	P值	95%置信区间		Exp(B)
							下限	上限	
自变量	户口	农村	0.874	0.274	10.137	0.001	0.336	1.412	2.396
		城市	0ª	—	—	—	—	—	—
	子女年龄	20岁以下	1.580	0.761	4.312	0.038	0.089	3.071	4.853
		21~30岁	1.248	0.449	7.739	0.005	0.369	2.128	3.484
		31~40岁	0.254	0.482	0.277	0.598	-0.691	1.199	1.289
		40岁以上	0ª	—	—	—	—	—	—
检验	似然比检验		卡方=37.069		自由度=4		P值=0.000		—
	平行线检验		卡方=6.656		自由度=4		P值=0.155		—

从表4-15的回归结果来看，户口和子女年龄是影响父母与子女见面频率的显著因素。农村户口前的系数为0.874，P值为0.001，说明农村户口的父母与子女见面的间隔时间可能更长；Exp(B)=2.396，说明农村户口的父母与子女见面的时间间隔更长的可能性，农村户口的父母是城市户口的2.396倍。子女年龄为20以下和21~30岁前的系数分别在5%和1%的水平上显著，分别为1.580和1.248，说明相对于40岁以上的子女，这两个年龄段的子女与父母见面的时间间隔更长，可能是因为这两个年龄段的独生子女或者在上学或者刚工作，没有多少时间经常与父母见面。

由此得出，农村的独生子女与父母见面的频率低于城市独生子女；30岁以下的独生子女与父母见面的频率低于40岁以上的子女。

四、养老意愿对城乡独生子女父母代际支持家庭养老影响的回归分析

主要选择是否需要子女经济支持和是否愿意与子女居住养老两个方面来研究城市和农村独生子女父母养老意愿的差别。

（一）父母是否需要子女的经济支持

分为需要、不需要和无所谓三个选项，以"无所谓"的态度作为对比项，进行多项 logistic 回归，回归结果如表 4-16 所示。

表 4-16　父母是否需要子女经济支持的多项 logistic 回归结果

自变量	项目	系数（B）	标准差	Wald	P 值	Exp（B）	95% 置信区间	
							下限	上限
父母需要子女的经济支持								
	截距	1.693	1.093	2.401	0.121	—	—	—
户口	农村	1.121	0.521	4.619	0.032	3.067	1.104	8.521
	城市	0ª	—	—	—	—	—	—
单身与否	是	1.258	0.688	3.348	0.067	3.519	0.914	13.542
	否	0ª	—	—	—	—	—	—
子女年龄	20 岁以下	-2.454	1.309	3.514	0.061	0.086	0.007	1.118
	21~30 岁	-2.505	1.097	5.213	0.022	0.082	0.010	0.701
	31~40 岁	-1.155	1.164	0.984	0.321	0.315	0.032	3.086
	40 岁以上	0ª	—	—	—	—	—	—
父母不需要子女的经济支持								
	截距	2.445	1.079	5.135	0.023	—	—	—
户口	农村	-0.270	0.432	0.391	0.532	0.763	0.327	1.780
	城市	0ª	—	—	—	—	—	—
单身与否	是	-0.158	0.678	0.054	0.816	0.854	0.226	3.225
	否	0ª	—	—	—	—	—	—
子女年龄	20 岁以下	-2.198	1.348	2.659	0.103	0.111	0.008	1.559
	21~30 岁	-0.877	1.087	0.651	0.420	0.416	0.049	3.502
	31~40 岁	0.151	1.151	0.017	0.896	1.163	0.122	11.097
	40 岁以上	0ª	—	—	—	—	—	—
似然比检验		卡方 = 58.768		自由度 = 10		P = 0.000		—

从表 4-16 的结果来看，户口、父母单身与否，以及子女年龄是影响独生子女父母是否需要子女经济支持的显著因素。农村户口前的系数为 1.121，P 值是 0.032，在 10% 的水平上显著，说明农村户口的父母倾向于需要子女的经济支持，其需要子女经济支持的可能性是城市父母的 3.067 倍。单身前的系数为 1.258，P 值为 0.067，在 10% 的水平上显著，说明单身父母也倾向于需要子女经济支持，其需要经济支持的可能性是非单身父母的 3.519 倍。子女年龄在 20 岁以下的系数是 -2.454，21~30 岁前的系数为 -2.505，这两个指标在 10% 的水平上显著，说明子女年龄在 40 岁以上的父母与子女年龄在 20 岁以下和 21~30 岁的父母相比，倾向于需要子女的经济支持。可能是因为子女年龄在 40 岁以上的父母年龄较大，他们的收入在减少，由于身体机能的下降需要更多的钱用于医疗支出，也有可能是 40 岁以上的独生子女工作稳定、收入较高，他们也有能力对父母进行经济支持。

由此得出，农村独生子女父母与城市独生子女父母相比，更需要子女的经济支持；子女年龄在 40 岁以上的父母与子女年龄在 30 岁以下的父母相比，更需要子女的经济支持。

（二）父母是否愿意与子女居住养老

分为愿意、不愿意和看情况三个选项，以父母与子女住养老为对比项，进行多项 logistic 回归，回归结果如表 4-17 所示。

表 4-17　父母是否愿意与子女居住养老的多项 logistic 回归结果

自变量	项目	父母不与子女住养老					95% 置信区间	
		系数(B)	标准差	Wald	P 值	Exp(B)	下限	上限
	截距	1.389	0.918	2.287	0.130	—	—	—
户口	农村	-0.914	0.349	6.838	0.009	0.401	0.202	0.795
	城市	0ᵃ	—	—	—	—	—	—

续表

自变量	项目	系数(B)	标准差	Wald	P值	Exp(B)	95%置信区间	
							下限	上限
父母不与子女住养老								
养老保险	参加	−2.069	0.903	5.253	0.022	0.126	0.022	0.741
	未参加	0ª	—	—	—	—	—	—
父母看情况选择是否与子女住养老								
	截距	0.108	1.029	0.011	0.917	—	—	—
户口	农村	−0.130	0.293	0.197	0.657	0.878	0.494	1.560
	城市	0ª	—	—	—	—	—	—
养老保险	参加	−0.691	1.014	0.464	0.496	0.501	0.069	3.654
	未参加	0ª	—	—	—	—	—	—
似然比检验		卡方 = 11.766		自由度 = 4		P = 0.019	—	

从表4-17的回归结果来看，户口和参加养老保险与否是影响独生子女父母与子女居住养老的显著因素。表4-17的上半部分中，农村户口前的系数为−0.914，说明城市户口的独生子女父母倾向于不与子女居住养老；Exp(B)=0.401，说明城市户口的父母选择不与子女居住养老的可能性是农村户口父母的2.494倍（0.401的倒数）。表4-17的上半部分中，参加养老保险前的系数为−2.069，P值为0.022，在10%的水平上显著，说明未参加养老保险的父母更倾向于不与子女居住养老；Exp(B)=0.126，说明未参加养老保险的父母不与子女居住养老的可能性是参加养老保险父母的7.937倍（0.126的倒数）。可能是因为没有参加养老保险的父母需要子女的经济赡养，他们不愿意再麻烦唯一的孩子来照顾他们。

由此得出，农村独生子女父母与城市独生子女父母相比，更愿意与子女居住养老，参加养老保险的父母与不参加养老保险的父母相比，更愿意与子女居住养老。

五、年老担心对城乡独生子女父母代际支持家庭养老影响的回归分析

对于年老担心我们分为没钱养老、没钱看病两个选项,假设:没钱养老=0,没人照顾=1,进行二元 logistic 回归,回归结果如表4-18所示。

表4-18　　父母年老担心的二元 logistic 回归结果

自变量	系数(B)	标准差	Wald	自由度	P值	Exp(B)
农村户口	-0.715	0.369	3.754	1	0.053	0.489
参加养老保险	1.154	0.378	9.312	1	0.002	3.170
孤独感	—	—	6.023	2	0.049	—
经常感到	-0.070	0.575	0.015	1	0.904	0.933
有时感到	0.822	0.358	5.285	1	0.022	2.276
常量	0.658	0.476	1.912	1	0.167	1.930
似然比检验	卡方=22.538		自由度=4		P值=0.000	

从表4-18的回归结果来看,户口、参加养老保险与否,以及孤独感是影响父母年老担心方面的显著因素。农村户口前的系数为-0.715,P值为0.053,在10%的水平上显著,说明农村户口的父母更加担心没钱养老。参加养老保险前的系数为1.154,P值是0.002,在1%的水平上显著,说明参加养老保险的父母更加担心没人照顾,Exp(B)=3.170,说明其担心没人照顾的可能性是未参加养老保险父母的3.170倍。有时感到孤独前的系数为0.822,P值是0.022,在10%的水平上显著,说明相比于无孤独感的父母,有时感到孤独的父母更担心没人照顾;Exp(B)=2.276,说明其担心没人照顾的可能性是无孤独感父母的2.276倍。可能是因为参加养老保险的独生子女父

母不再担心经济问题,他们主要担心年老的照顾问题。无孤独感的父母老年生活安排较丰富,与子女的关系较好,他们对老年生活充满信心,所以不担心没人照顾。

由此得出,农村独生子女父母更担心没钱养老;参加养老保险的独生子女父母更担心无人照顾;有时感到孤独的父母也更担心无人照顾。

六、城乡独生子女对代际支持家庭养老影响的回归分析总结

根据上面的回归分析,得出城乡独生子女对代际支持家庭养老影响的结果如下:

一是城市独生子女对父母年供养额度高于农村独生子女;不需要父母经济支持的子女对父母的年经济供养额度高于需要父母经济支持的子女。

二是农村独生子女与父母见面的频率低于城市独生子女;30 岁以下的独生子女与父母见面的频率低于 40 岁以上的子女。

三是农村独生子女父母与城市独生子女父母相比,更需要子女的经济支持;子女年龄在 40 岁以上的父母与子女年龄在 30 岁以下的父母相比,更需要子女的经济支持。农村独生子女父母与城市独生子女父母相比,更愿意与子女居住养老;参加养老保险的父母与不参加养老保险的父母相比,更愿意与子女居住养老。

四是农村独生子女父母更担心没钱养老,参加养老保险和有时感到孤独的独生子女父母更担心无人照顾。

第五章

独生子女父母在代际支持家庭养老模式中存在的困难

第一节 城市独生子女父母在代际支持家庭养老中的困难

与传统的多子女家庭相比,独生子女父母的养老方式注定要发生很大变化,他们不可能再完全依赖子女养老,多子女的父母可以由几个子女共同赡养和照顾,独生子女父母唯一的孩子可能没有能力对父母提供更多的经济支持,也没有时间和精力对生病和失能的父母进行日常照顾。

一、部分独生子女父母缺少养老资金

根据本书第三章和第四章的统计分析的结果来看,有7.6%的城市独生子女父母没有参加养老保险,同时我们看到,独生子女对父母的年供养额度低于多子女对父母的年供养额度,其中,有一半以上的独生子女对父母没有经济供养,而多子女对父母没有经济供养的比例不到1/3;有六成以上的独生子女对父母的年供养额度在2000元以下,而多子女只有不到五成,对父母的年经济供养额度在2000元以上的各档次中,多子女均高于独生子女,在其他单位工作或者没有参加养老保险的父母更担心没钱养老。也就是说,那些没有参加养老保险的城市独生子女父母,如果没有配偶或者配偶也无法提供足够的养

老资金,只能靠子女赡养,子女如果也无法提供足够的经济支持,他们的晚年就会陷入困境。

[案例5-1] 张某某,女,61岁,有1个儿子,家住在淮北市相山区。因为腿有残疾,心理上有点自卑。自结婚以来就没工作过,一直是家庭主妇,没有收入,完全依靠丈夫收入和收一点房租。近三年,全部的储蓄都花在儿子结婚上,全心全意为儿子付出,但是儿子结婚后就单独居住,儿媳妇和儿子就像是个陌生人,一个月连一次电话也不打,而且都不经常回家看望老人。现在她就一个人独居,每天就靠看电视打发日子。娘家人知道其腿不好,有时候会过来看望一下。儿子在医院保卫科上班,月薪2000左右,儿媳尚未找到合适的工作,还要依靠丈夫来补贴。①

从上面的案例看出,张某某自己没有收入,家庭的主要收入是丈夫的工资和一部分房租,儿子不仅不给予经济支持,家里有限的收入还要补贴收入低的儿子一家。同时,儿子和儿媳与张某某的关系也不好,导致张某既缺少资金养老,精神也很空虚。

二、年老无人照顾

从本书第三章和第四章的统计分析结果来看,城市机关事业单位和参加养老保险的父母更担心无人照顾。当独生子女父母的经济条件较好时,他们就会有更高的需求,不仅满足于基本的生活条件,在他们年老时希望能得到很好地照顾,但现实是唯一的子女在结婚之后要照顾自己的小家,无暇照顾父母。

[案例5-2] 胡某某,男62岁,有1个女儿。他住在20多年前买的房子里,面积较小。他只有一个女儿,嫁得较远。胡某某已退休,妻子还在学校教书,平时夫妻俩互相照顾,有节假日才能去看女

---

① 案例来源为笔者调研时的访谈资料,下文不再赘述。

儿，女儿在男方家所在的城市开店。在生病时，只有夫妻互相照顾，女儿不能陪在身边，应对新事物能力不强。

从案例 5-2 来看，独生子女父母虽然有子女，但唯一的子女没有时间照顾他们，特别是子女和自己不生活在一个城市，他们年老以后，会面临无人照顾的窘境。

三、年老看病困难

多子女父母在年老或者生病需要照顾时，可以由几个孩子轮流照顾，即使一个子女不在身边，但总要有孩子在身边，当他们生病需要到医院看病或住院时，子女会安排他们去医院看病和在身边照顾。但是独生子女父母在年老之后，如果子女不在身边，他们的看病和住院都面临着非常大的困难，特别是他们到 70 岁之后，行动更加不方便，大医院看病和缴费都要排很长的队，使得他们就医面临着巨大的挑战。

[案例 5-3] 吴某某，男 63 岁，有 1 个儿子。退休之前，他与妻子的工作都比较好，都是大学教师，收入较高，居住情况良好，有房有车，但是唯一的儿子在国外，一年都见不到一次面，是典型的空巢老人。虽然他们衣食无忧，但是很想念儿子，孩子会定期从国外寄回赡养费。他们的生活能自理，生病的时很少跟孩子说，由老伴照顾，但感到很孤独。吴某某希望政府提供的帮助主要是老年照护和就医方面。因为目前社会保障的范围比较窄，生活质量不高，自己去医院看病住院很困难，感到很无助。

从案例 5-3 看出，虽然一些城市的独生子女父母经济条件较好，但是由于子女不在身边，甚至不在国内，他们经常感到孤独，在生病时到医院看病面临很多困难。

四、养老服务设施不足，无法入住养老院

根据本书第三章和第四章的描述统计和回归分析的结果来看，城市已婚独生子女与父母共同居住的比例低于多子女，无论是生活照顾还是生病照顾，城市独生子女父母主要是由自己和配偶承担，他们与子女的关系比多子女父母与子女的关系要好，感到孤独的比例较低。由于一部分城市独生子女父母自己的经济条件较好，所以有六成多的独生子女父母不愿意住养老院。本书的研究表明，独生子女父母愿意与子女居住养老的比例高于多子女父母，不需要子女经济支持的父母更愿意与子女居住养老。他们中的一部分人希望与子女一起居住养老，还有一部分希望居家养老，但是这个前提是自己的身体能够自理，如果这一部分老人丧失了自理能力，唯一的子女是没有时间和精力照顾他们的，经济条件好的家庭可以请保姆照顾，经济条件一般的老人只能入住养老院，但是养老院的服务不能满足老年人的养老需求。

［案例5-4］沈某，男，65岁，是典型的空巢老人。四年前，沈某的老伴去世，他的生活就更加困难了。沈某有一个独子，在杭州工作，不能经常回家。儿媳也是独生女，他们工作忙，还要照顾孙子，也是分身乏术，所以沈某没什么大事也不愿麻烦儿子。沈某退休前是一家国企的中层领导，退休后的养老金足够自己生活，也参加了医疗保险，物质上沈某并没有什么顾虑。沈某白天经常和老朋友打牌、聊天，偶尔旅游，生活倒还惬意。但是晚上回到家中，想念儿子和逝去的老伴让他感觉很孤独。沈某有类风湿和高血压等慢性病，如果病情不是很严重，他也不愿告诉儿子，一般生病都是家里的亲戚照顾。为了避免晚上上厕所麻烦，他平时自己的生活尽量简单。沈某考察了当地的公立养老院，对一般老人收费每月1500元，高龄失能老人每月收费2800元。沈某打算自己不能动的时候就去养老院，可养

老院的食宿条件不是很理想,医护人员较少,专业技术也并不扎实。他不想给儿子增加负担,但对城内唯一的公立养老院又不满意,他对自己的养老问题深感迷茫。沈某认为,公立养老院设施落后、生活质量差、收费不合理、医护人员技术水平不高,且常驻医生少,他希望政府加大对县级公立养老院的投入。

从案例5-4可以看出,沈某虽然有一个儿子,但他知道儿子工作忙,还要照顾孙子,没有时间和精力照顾他,他只能自己想办法,他希望在自己无法自理的时候能够到养老院去养老,但是养老院的硬件和服务不能到达自己的要求,他对未来的养老很迷茫,希望政府把公立的养老院建设得好一些,以满足其养老的需求。

第二节 农村独生子女父母在代际支持家庭养老中的困难

与农村传统多子女家庭相比,农村独生子女家庭在结构、养老功能,以及生活环境等方面发生了明显变化。随着城镇化和工业化的快速发展,农村劳动力向城市转移,致使农村空心化、空巢化等现象非常普遍。独生子女家庭所面临的养老处境更为艰难,家庭养老功能的发展变迁,尚未完全与社会保障体系的建立健全实现同步,导致农村独生子女家庭面临着养老的困境,主要包括经济支持、生活照顾、精神慰藉和养老设施等几个方面。

一、养老保险的待遇低,独生子女经济支持有限,生活压力较大

经济支持是否充分,关乎农村老年人生活养老质量的好坏。在我国广大农村地区,老年人的经济收入来源主要包括:土地收入、子女供给、养老保险等方面。一方面,随着城镇化与工业化进程的推进,

大量农村土地被征用。原本在农村地区就普遍存在着人多地少的矛盾，再加上城市的不断向外扩展，农村地区的人地矛盾更为突出，适用于耕种的土地面积不断减少。农作物种子、农药、化肥等农业生产资料成本逐年上升，而农产品价格又相对偏低。由于农村独生子女家庭人口少，子女大部分都外出务工，从事农活的重任主要落在留守老人身上，农业生产效率低下，留守老人依靠经营土地得到的收入较少，土地养老难以满足农村老人的养老需求。另一方面，受到20世纪70年代末实行的计划生育政策影响，我国农村传统的家庭结构发生了转变，由原来的传统联合型、主干家庭向小型化、核心化家庭转变，户均人数逐步减少，独生子女家庭在农村也很常见。由于处于社会转型阶段，市场经济冲击着传统的小农经济，传统的孝道文化不断削弱，城市生活中的多元文化渗透到乡土社会中，使得功利主义、个人主义，以及"重幼轻老"等不良的思想观念深入到进城务工的子女心里，大多数进城务工子女更加倾向于将主要的经济收入投资于自我的发展和子女的教育中，他们对父母的经济支持却有所忽视，通常只是在逢年过节的时候给父母一点钱。对于农村独生子女的父母而言，经济压力较大，为了晚辈能获得更好的教育、落户于城市，需花费大量的资金用于买房、买车，与此同时还要赡养夫妻双方的父母，不像多子女家庭兄弟姐妹较多，彼此可以分担赡养父母的经济压力，由此导致独生子女无力将更多的经济收入给予生活在农村的年迈父母。倘若家庭突发变故，如子女患有大病或因事故去世，整个家庭的经济支柱将倒塌，老人的养老问题将难以解决。又因为长期受到城乡二元体制影响，城镇职工与农村居民在养老保险待遇上差距较大。大多数农村独生子女家庭为减少养老保险缴费金额，普遍选择较低档次标准进行养老保险缴费，老人所得到的养老保险待遇相对较低，大部分人领取到的城乡居民养老保险金不到100元。从本书第三章和第四章的统计分析结果来看，农村独生子女对父母的经济支持比多子女要少，因此独生子女父母没有足够的养老资金，生活较为拮据。

第五章 独生子女父母在代际支持家庭养老模式中存在的困难

[案例5-5] 张某,男,65岁,有1个儿子,属于独生子女家庭,常年与老伴生活在一起。儿子是在工地里工作的包工头,多年在外打拼,使他拥有着一定存款,为了能让自己的孩子上在城里上学,花重金购买了一套学区房,将农村老家妻儿举家迁入到城市生活。张某因腿脚不便、与城市居民言语不通,选择与老伴一起留在农村老家生活。为了减轻儿子的家庭生活负担,张某承包了老夫妻俩和儿子名下的土地,每年的农产品收益加上他的一点养老金,仅仅只能勉强维持老夫妻两人的基本生活。除了过节,儿子寄点钱,平时很少有人给予张某经济上的资助。天有不测风云,常年在工地上做事的儿子从高处跌落导致截肢,儿媳妇改嫁,对儿子和孙子的照顾全都落在了张某夫妻两人身上。由于家庭条件有限,张某夫妻俩的养老保险均是选择最低档次进行缴费,因此领取的养老金较低。张某感叹命运多舛,为自己以后的养老问题感到忧心忡忡。

[案例5-6] 唐某,女,61岁,有1个女儿。唐某的丈夫在十年前就去世了,因怕孩子受委屈就一直没有再嫁。如今,唐某的女儿在县城内一家中学当老师,每周回家一次。唐某独自一人在老家种地,孩子曾让她不要再操劳,但唐某说农村人做一天是一天。唐某家中种了几亩地。虽然现在种地有补贴,但种子、化肥、农机具价格同样很高,种地也挣不了多少钱,加上当年发洪水,房子、土地都被淹了,一年到头白忙活。唐某的身体比较健康,里里外外一个人都能操持,但她想到自己真到做不动的一天,不知道该怎么办。土地流转收入微薄,养老金水平又低,难以满足生活,女儿嫁人后能照顾她的时间就更少了。未来如何养老,她没有计划。她认为,种地补贴和土地流转收入低,养老金数额太低,不足以满足生活。

从笔者实地调研情况来看,独生子女家庭中的老人所获经济支持有限,高昂的农业生产成本、子女家庭收入的不足、养老保险待遇较低,以及不确定的家庭变故时有发生,导致独生子女家庭中的老人极度容易陷入经济困境当中,使其缺乏坚实的养老经济基础,增添了老人生活压力。总之,独生子女家庭中的老年人面临着"经济之困",他们为自己养老问题感到担忧。由于他们未能获得子女充足的经济支持,在某种程度上亦导致了独生子女家庭中老年人养老的困境。

二、居住空间狭小,缺乏生活照料,日常出行不便

随着社会不断的向前发展,农村传统社会中的"大家庭"格局发生了转变,由原来的"大家庭"转变为"小家庭",现代家庭结构日趋呈现出"小型化",子女与父母分开居住现象成为常态。对于农村独生子女家庭而言,更是如此。由于社会的发展,成年子女成立了自己的家庭,老年人在家庭中的核心地位逐渐下降,多数老年人选择与子女分开居住。农村的收入有限和孝道文化的缺失,导致独生子女家庭的老年人普遍居住在小、矮、偏、旧的房子里,老年人常年从事农业生产所拥有的农用工具数量众多,存放于居住的矮旧房屋里,而且还要帮助子女照看孙辈,老年人的有限生活居住空间不断被挤压,生活环境更加恶劣。随着年龄增长,老年人的身体机能与劳动能力逐渐丧失,一旦生病就需要子女进行照料。然而,现实情形却与之相反。农村居民与城市居民之间在社会资本上禀赋差异较大,受教育程度也有所不同,祖辈常年从事农业生产所积累的储蓄较少,为了过上较好的生活,并给子女们一个好的生活环境,大部分农村独生子女均选择了外出务工,迁入了城市。繁重的日常工作与城里高昂的生活成本,让迁出农村的独生子女很难兼顾到远在农村老家的父母。还有部分独生子女移居国外,虽然能给予父母足够的经济支持,但在生活照料上亦存有缺失。相比多子女家庭,独生子女在父母赡养及生活照料上的压力更大,没有兄弟姐妹可以分担。部分农村地区地理位置偏僻,且不具备通行城乡的公共交通,加上老年人年岁已高,身体健康状况不佳,而且缺乏子女的日常生活照料,导致这部分老人想进城购物或去医院看病就医异常不便。

第五章 独生子女父母在代际支持家庭养老模式中存在的困难

[案例 5-7] 王某,男,85 岁,有 1 个儿子。老伴因病去世,现独自一人居住在 35 平方米的老房子里,儿子常年在外做厨师,每年仅仅过年和清明节回来一次,日常的生活经济来源基本上依靠自己一点点养老金,生活或生病也主要是依靠自己,有时候邻居也会给予一定帮助。

[案例 5-8] 陶某,男,83 岁,和老伴住在一起,有 1 个养女。平常生活由老伴照顾,女儿没有工作,是家庭主妇。女儿基本每月回来看一次,帮助老人洗衣服和打扫卫生。女儿家庭条件较差,不能对老人进行过多的经济支持。因为腿脚不方便,不便外出看病,生病一般请村卫生室的医生上门看病。

总之,受到市场经济的影响,传统的孝道文化不断丧失,大部分农村独生子女将生活注意力集中在自己及下一代身上,对父母的关注度较低,部分父母选择与子女分开居住,独生子女外出务工的空间距离客观上阻隔了对年迈父母的照料,一旦发生不可预料的突发家庭变故,独生子女也难以对父母的日常生活进行很好地照料。由于老年人身体机能退化体弱多病,而农村地区的公共交通服务尚未完全普及,导致老人的日常出行不便。"生活之困"始终困扰着农村独生子女家庭,致使老人不能很好地安享晚年。

三、养老机构和医疗资源不足

养老设施在农村老年人的养老过程中起到了举足轻重的作用。但是,由于长期受到城乡二元体制的影响,农村养老设施建设明显落后于城市,再加上我国目前处于人口老龄化的快速增长期,农村人口的老龄化更为突出,养老需求与养老设施建设滞后之间的矛盾突出,致使农村老人在养老问题上陷入了"设施之困"。农村地区公立养老院相对匮乏,床位有限,入住对象一般是无儿无女的老年人。独生子女家庭的子女常年外出打工,老年人在家缺乏照料,特别是对于身体患有重病或残疾的老年人，他们更需要专门人员照看，公立养老院入住的限制，导致独生子女家庭老人不能很好地享受公立养老院所带来的专业性养老服务。

[**案例 5-9**] 陶某某，90岁，基本生活不能自理，之前领养了一个女儿，嫁到了本村，平常是女儿隔三差五来帮助其打扫房间、洗衣服。陶某某日常都是拄着拐杖出门，生病时基本上是邻居帮忙打电话给村卫生院室的工作人员，由他们亲自上门给陶某某治病，因此他想去镇上公立的养老院，可是那里床位太紧张，而且村干部说他有一个女儿，不符合去养老院的要求。

从案例 5-9 可以看出，农村缺少养老床位，大多乡镇只有一所政府办的养老院，但该养老院只收"五保"老人，不接受有子女的老人。

同时，偏远农村地区的村卫生院数量较少，医疗资源严重不足，卫生院的从业人员大部分是由之前的"赤脚医生"转岗而来，村卫生院的人员配置不足。农村独生子女家庭老人在生病时多数情况下是村卫生院工作人员上门诊治，或在邻居帮助下前往村卫生院就医。随着农村独生子女家庭数量增多，上门诊断医疗服务需求日益增加。农村卫生院医疗设备及从业人员不足，导致独生子女家庭的老人"看病难"的问题更加突出。

四、休闲娱乐方式单一，传统亲情慰藉"缺位"

人的需求不仅在于物质层面，还包括精神层面，农村老年人的精神层面需求普遍没有得到很好地满足。本书第三章和第四章的统计分析结果显示，传统农村老年人日常的休闲娱乐方式相对单一，大多数农村老年人的休闲娱乐方式主要是：在家看电视或听收音机占77.5%，串门聊天占66.2%，下棋打牌占37.3%。经济条件较好的独生子女家庭，多数情况下子女们将老人的孙辈迁入城市读书，没有

第五章 独生子女父母在代际支持家庭养老模式中存在的困难

子女和孙辈陪伴的老人,在农闲时候只能通过观看电视或听收音机来打发时间。传统的乡土社会邻里关系亲密,彼此之间较为熟悉,相互串门聊天在农村地区是一种常态。随着城镇化发展,一些农村家庭举家迁入城市居住生活,对于独生子女家庭来讲,举家迁入城市的生活压力更大,年老的独生子女父母被迫留在了农村。多年生活在一起的邻居相继迁出农村到城市居住,独生子女家庭老人与邻里间的串门聊天次数也变少了,生活变得更为单调乏味。再加上农村老年人受教育程度有限,接受新鲜事物的能力较差,子女及孙辈又不在自己身边,没有人对其进行相应指导,让独生子女家庭的老人生活在互联网时代感到"力不从心",网上购物、聊天、看视频等娱乐活动对于农村老年人来说相对陌生,导致农村老人的日常休闲娱乐活动仅限于在家看电视,或者外出串门聊天、打牌下棋等。相比城市老年人的休闲生活,农村老年人的休闲娱乐方式更为单一,日积月累的单调生活滋生出独生子女父母的寂寞、孤独、自闭等不良情绪。农村老人常年与子女分开居住,独生子女为家庭生计四处奔波忙碌,与父母生活在一起的时间短暂,特别是逢年过节每每看到其他多子女家庭的老人有众多子女的看望与陪伴,他们往往心生羡慕,并默默地与之相比,从而更加感到孤单与失落。纵使部分独生子女家庭的老人与子女生活居住在一起,但由于彼此间的生活背景、生活理念不同导致与子女关系不好,同居于一个生存空间里,子女与父母的交流与慰问却相对较少,传统的亲情慰藉在农村独生子女家庭中有所"缺位",致使老年人生活幸福指数相对偏低。笔者调研发现,大多数农村独生子女家庭的老年人曾表示他们的子女们常年出门在外,与子女们聚少离多,子女的关怀亦较为欠缺,和老伴一起帮着子女们看守着农村的房子,平时除了从事农活和照看孙辈们外,很少有像城市老年人一样的娱乐活动,年复一年地重复着同样的生活,年纪越大越能感受到了生活的孤单与乏味。

[案例 5-10] 邵某某，女，61岁，有1个女儿。老伴已去世，现一人居住在与丈夫生前盖的房子里。女儿在外面工作，长期不回家。受访者身体状况较好，但比较孤独。女儿一年会给一点钱，老人生病都是自己一个人解决。

总体上看，独生子女家庭老人在农村的休闲娱乐方式相对单一，缺乏多元化的娱乐休闲活动，接受新鲜事物能力较差，很少能够运用互联网与外界联系，大部分独生子女家庭的子女和孙辈迁入城市，与老人生活在一起的时间较少，生活成本压力增大及市场经济的冲击，导致了多数独生子女对老年人缺乏关心。休闲娱乐方式单一，传统亲情慰藉的"缺位"，让农村独生子女父母陷入了极度的"精神贫困"，他们普遍感到孤独。

五、休闲娱乐设施集中于村委会，居住较远的老年人无法参与活动

农村居民的居住地点分散，具有"散片"特征。一般而言，农村的休闲场地建设相对较少，且普遍分布在村委会附近，休闲场地的功能辐射范围较广。对于年龄较大的独生子女父母，如果其身体健康状况较差，在没有家人照看的情形下，很难参与到休闲场所举行的日常活动中。

[案例 5-11] 童某某，65岁，有1个儿子。童某某和老伴一起生活，目前的身体状况良好，儿子也已成家且工作顺利，他们的生活相对较为轻松，但是像他们这样留守在家的老年人也有烦恼，一是儿子常年在外，除了和老伴说说话，很少有人一起聊天，感觉很孤单；二是平时休闲娱乐活动较少，生活较为单调，村里的娱乐广场建设在村委会，有时候就是想去那里和大家一起跳广场舞，路程又有点远，不太方便。"怪不得年轻时候经常听老人说到'老来难'，没想到现在落在了我们头上了。"她的言语之中流露出了独生子女父母希望子

女能够留在身边,同时,希望政府部门能够扩大农村养老设施的投入,建立健全养老院、卫生医疗设施,以及休闲娱乐场所来有效满足多元化的养老需求。

从案例5-11可以看到,农村有限的休闲娱乐设施都集中在村委会附近,随着行政村的合并,有些行政村包含七八个自然村,大部分自然村距离行政村较远,老年人想参与休闲娱乐活动很不方便。

第六章

城乡独生子女家庭养老的政策建议

我国人口众多,且老龄化较为严重,截至2020年底,我国65岁以上的人口是1.9亿人,占总人口的比重为13.5%。如此庞大的老年人口,如果主要依赖机构养老是非常不现实的,因此还要发挥我国传统家庭养老的优势,建立起以家庭养老为主,社区养老为辅,机构养老为托底的多层次养老保障体系。由于城市和农村独生子女父母养老面临的困难不同,因此需要针对城乡不同的养老问题,提出相应的政策建议。

第一节 城市独生子女家庭养老支持政策

一、提高独生子女父母养老保险的补助水平

目前,部分地区对独生子女家庭的养老金补助标准是,没有参加城镇职工养老保险的城乡居民,在60岁或55岁之后每月补助80元,一年是960元;城镇机关事业单位的职工退休时增发5%的退休金或者企业职工在退休时给予一次性补助。对于城乡居民来说,一年960元也只是一个月的生活费,即使他们参加了城乡居民养老保险,由于缴费的档次低,他们每个月能够领取的养老金也很少,而唯一的子女可能没有能力为他们提供足够的赡养费,他们的晚年生活将会在贫困

中度过。而对于参加城镇职工养老保险的独生子女父母，增加5%的退休金或者一次性的补助，对于他们的养老帮助很小。也就是说，无论是城乡居民还是城镇职工，较少的独生子女养老补助金无法弥补他们少生育子女给其养老带来的损失，因此，要适当地提高城乡独生子女父母的养老补助金标准，不能让当年计划生育的先进家庭变成老年的弱势群体和贫困群体。

二、利用政策鼓励独生子女与年老的父母居住，发挥家庭养老的基础功能

由于我国社会化养老制度的不完善，机构养老的数量和质量都无法满足越来越多的老年人需求，因此家庭养老仍然是我国养老的基础，同时也是最主要的养老方式。现在的年轻人是一个自我意识很强的群体，他们的生活方式和观念都与父辈有很大的差别，特别是独生子女从小是被家长们宠着长大的，做事常常是以自我为中心。虽然独生子女父母大多愿意与子女居住养老，但是独生子女成家以后不一定愿意与不能帮助自己照看孩子和做家务的年老父母住在一起，所以政府要通过一定的政策鼓励独生子女与父母居住养老，如独生子女和75岁以上的父母住在一起，可以增加个人所得税中赡养老人的扣除标准，以此发挥家庭养老的基础作用，减轻社会养老的压力。

三、发展社区养老，为居家养老的独生子女父母提供更多的服务

虽然独生子女父母更希望与子女居住养老，但这只是一种愿望，不一定能够实现。因为各种原因，许多独生子女父母会选择居家养老。由于唯一的子女既要工作，又要照顾未成年的子女，他们没有时间和精力照顾年老体弱的父母，如果政府支持社区养老的发展，社区

能为包括独生子女父母在内的老人提供诸如送餐、买菜、陪护看病等服务，不仅可以大大减轻子女的照顾负担，也满足了独生子女父母居家养老的要求。

四、优先安排独生子女父母入住养老机构，财政要支持多种形式养老机构的发展

由于独生子女父母的收入普遍较多子女的父母高，他们一般不担心没钱养老，大部分人最担心的是年老无人照顾，因此对于公立的养老机构应优先满足独生子女父母的入住需求，对于贫困的独生子女父母入住公立养老院要适当地减免费用。私营养老机构接受独生子女父母入住的，财政要增加床位补贴标准。同时，财政还要支持医养融合养老机构的发展。由于入住养老院的大部分老人身体较差，他们一般都有慢性病甚至失能、失智，一般的养老院只能进行日常的护理和照料，当老人生病需要住院治疗时，就需要子女将其转移到医院治疗，由此就会给子女带来额外的负担。如果老人住在医养融合的养老机构中（该养老机构的医疗费用应纳入到医保报销的范围），他们生病时就可以直接在养老院治疗。因此，财政要支持医养融合养老机构的发展，独生子女父母在年老之后入住这样的养老机构不仅可以让子女放心，还可以大大减轻子女的照顾负担。

五、不断完善长期护理保险制度，财政要对独生子女父母参保进行适当地补贴

根据中国老龄科学研究中心第四次中国城乡老年人生活状况抽样调查结果显示：2015年，全国失能、半失能老年人数为4063万人。这些失能老人只有很少一部分能在机构被护理，大部分失能老人只能在家中护理。随着人口老龄化的加深，以及更多的独生子女父母进入

老年，护理失能老人是家庭的一个沉重负担，也是独生子女难以完成的任务。如果把失能的父母送到机构进行护理，无疑会增加家庭的经济负担，发展长期护理保险就可以减轻家庭的经济负担。目前，长期护理保险只在全国部分城市试点，因此应不断扩大试点的范围，在总结经验的基础上，使其在全国范围内推广。同时，还要完善长期护理保险的筹资机制，目前的筹资机制是从医保账户划转和个人缴费相结合，这种通过医保账户划转的方法，并没有将长期护理保险作为一个独立的社会保险险种，所以也难以长久地实施下去，因此应单独建立长期护理保险的筹资机制。由于目前各地的职工医保基金个人账户都有一定的结余，可以适当降低职工医保的缴费率，降低的费率作为长期护理保险的缴费率。由于各试点地区覆盖的范围不同，有的地方只覆盖到参加职工医保的群体，经济发达的地区覆盖到城乡居民，因此在今后推广长期护理保险时应覆盖到所有的城乡居民，财政要对独生子女父母参保进行补贴，以提高他们参保的积极性，这样在他们年老以后，就可以享受护理保险，从而减轻子女的经济负担。

第二节　农村独生子女家庭养老支持政策

一、提高农村独生子女父母参加城乡居民养老保险的财政补贴标准

农村独生子女父母与城市独生子女父母相比，他们更缺少的是养老资金。因为在农村种地或者外出打工收入有限，而且他们参加的城乡居民养老保险的缴费档次较低，领取的养老保险待遇也低，还有一部分农村独生子女父母没有参加养老保险，因此他们年老之后只能依赖土地、配偶和子女养老。如果他们因年老而丧失了劳动能力，就无

法依靠土地进行养老,那就只能依靠配偶养老,如果配偶也没有劳动能力或者也没有足够的养老金,他们只能依靠唯一的子女养老,这无疑会增加子女的负担,或者可能会陷入贫困,最终给政府带来负担。因此,对于参加城乡居民养老保险的农村独生子女父母,应在目前财政补贴金额的基础上,适当地提高各缴费档次的财政补贴标准,以此鼓励他们参加较高档次的城乡居民养老保险,这样在他们年老以后就可以领取较高额度的养老金,以减轻子女和社会的养老负担。

二、优先对农村独生子女父母的危房进行改造

部分独生子女父母因为子女在城市购房生活,父母怕拖累唯一的孩子或者不适应城市的生活,而选择留在农村。他们把自己多年的积蓄留给子女结婚使用,有的子女在婚后对父母不管不问,还有的子女本身也没有能力对父母进行经济支持,导致部分老人住房条件较差。如果独生子女父母的住房符合危房改造的标准,应优先安排列入危房改造计划,不能让当年计划生育的先进群体,变成农村的贫困人群,要让他们享受到政府的优惠政府,感受到政府的温暖。

三、以乡村振兴为契机,为农村居家养老提供支持

农村居家养老的衣、食、住、医、乐都离不开交通,而现在农村的道路都修好了,但是许多村落不通公共交通,年轻人出行有汽车和电瓶车,老年人出行主要靠三轮车,对于不会骑三轮车或者高龄老人到集镇购物,以及到乡镇卫生院看病是非常困难的。因此,对于不通公共交通的村子,乡镇可以通过购买服务的方式,为农村提供公共交通服务,一个乡镇可以安排几辆公交车定时、定点地轮流为各村70岁以上的老人提供免费的公共交通服务,对于低于70岁的人乘车要收取乘车费,以防止其他人挤占公共交通资源。

第六章 城乡独生子女家庭养老的政策建议

四、加强农村医疗卫生的投入，让农村老人在家门口就能享受基本的医疗服务

政府除了增加对乡镇卫生院的投入之外，还要加大对村级卫生室的投入，满足农村居民基本医疗卫生服务需求。一个乡镇只有一所政府办的乡镇卫生院，无法满足农村居民的就医需求，年老的村民行动不便也不可能到乡镇卫生院去看病，小病基本上都在村里看。村级卫生室解决了包括老年人在内的基本医疗需求，因此，政府要增加对村级卫生室的投入。村卫生室应该为当地村民提供安全、便利、优惠的基本医疗卫生服务。每个行政村都要由政府补贴建设一所标准化的村卫生室，县级卫生行政部门负责本行政区域内村卫生室的管理。只有政府财政拨款建设，才能保证标准化村卫生室的公益性和非营利性。村卫生室的日常运行包括人员支出都由政府负担，只有这样才能确保包括老人在内的农村居民真正享受到基本的医疗卫生保健服务。

五、加强农村养老服务体系建设，增加独生子女家庭养老床位的补贴标准

目前，农村的养老机构较少，一些乡镇只有一家公办的养老院，入住的老人主要是"五保"老人，一些不符合条件的老人无法入住。同时，养老院的硬件和服务较差，只能满足温饱，一些经济条件较好的老人不愿意入住，因此要加大农村养老机构的建设，增加对民办养老机构的补贴，发展多种形式的养老机构。各级政府应进一步加大投入，加快农村养老机构软硬件的建设，将机构养老服务的对象由农村"五保"老人扩展到高龄、病残、生活不能自理的农村困难老人和空巢老人，以购买服务的方式引入专业社会工作机构，由乡镇牵头设立由村委会、村党员、村民小组组长、村医生、志愿者组成的农村居家

养老服务互助组，着力打造"农村敬老院 + 乡镇居家照料中心 + 村民邻里互助组"的三级农村养老服务体系，为农村老人提供贴心的养老服务。对于需要入住养老院的独生子女父母，公办的养老机构要优先安排，民办的养老机构政府应增加其床位补贴标准。

六、鼓励老年人参与乡村文明建设，让他们老有所乐

现在的农村中，年轻人和中年人很少，老年人是农村的主要群体。乡村文明建设离不开群众的广泛参与，政府部门不能忽视老年人的参与能力。政府可以结合地方实际，加强乡镇（村）综合性文化服务中心建设，推动具有当地特色和群众影响力的农村精神文明活动的开展，鼓励农村发展自办文化，开发本土特色的文化产品，如当地的戏曲、舞蹈、刺绣、剪纸等文化产品；培育挖掘乡土文化人才，支持乡村文化能人组建老年人广场舞、书法、棋艺等文化社团；建立非物质文化工作室或联系点，传承和发展民族、民间传统戏曲曲艺、秧歌、民俗活动祭祀、庆典等文化。使他们不再感觉老无所用，也利于实现乡村文化资源与老年人精神需求的有效融合。

另外，通过成立老年协会，给予农村和乡土文化存在的合法性。社区基础设施建设，特别是文化娱乐设施的建设，对农村老人的身心健康有着积极的影响。目前，农村社区的基础建设、社区集体活动组织安排，以及社区养老服务仍处于初级发展阶段，因此，要加强农村的文化娱乐设施建设，如活动广场、棋牌室、图书室等文化设施，并分布在不同的自然村，让出行不便的老年人能就近参加休闲娱乐活动，让包括独生子女父母在内的农村老年人老有所乐、老有所学。

附　录

附录1

城乡家庭养老调查问卷

_____省_____市_____县（区）_____村（街道）

说明：

1. 独生子女家庭是指终生只有一个孩子，子女没有兄弟姐妹的家庭；
2. 被调查对象必须为60岁以上，如果是独生子女父母可以是50岁以上；
3. 调查样本应选择独生子女家庭和多子女家庭，最好各一半，以便进行对比研究；
4. 调研时要将有关问题向被调查人解释清楚，以免产生模棱两可的答案；
5. 一个家庭选择一人（父或母）问卷即可；
6. 未注明的都是单选。

（一）（非）独生子女家庭基本情况（在非或独生上打√）

1. 户口
　　（1）农村　　　　　　（2）城镇
2. 性别
　　（1）男　　　　　　　（2）女

3. 年龄

  （1）51~60岁 （2）61~70岁 （3）71~80岁 （4）80岁以上

4. 退休前或现工作单位性质

  （1）机关和事业单位 （2）国企 （3）私企

  （4）个体 （5）其他

5. 文化程度

  （1）文盲 （2）小学 （3）初中 （4）高中

  （5）大专 （6）本科及以上

6. 单身与否

  （1）是   （2）否

7. 子女个数

  （1）1个 （2）2个 （3）3个 （4）4个

  （5）5个及以上

8. 子女年龄（如果是多子女，是指最小子女的年龄）

  （1）10岁及以下 （2）11~20岁

  （3）21~30岁 （4）31~40岁

  （5）40岁以上

9. 子女最高学历（如果是多子女就是指受教育程度最高的那个子女）

  （1）小学 （2）中学 （3）大专 （4）本科

  （5）硕士及以上

10. 子女是否工作

  （1）上学 （2）工作 （3）其他

  （4）还有上学的子女（指多子女）

（二）家庭经济状况

1. 家庭年人均收入

  （1）5000元以下 （2）5001~10000元

  （3）10001~20000元 （4）20001~40000元

(5) 40000 元以上

2. 你的生活来源（可多选）

  (1) 工资   (2) 配偶   (3) 种地   (4) 子女

  (5) 养老金   (6) 社会救助   (7) 其他

3. 每年子女的经济供养额度（对有结婚子女的家庭调查，多子女家庭是指子女供养的总额）

  (1) 0   (2) 1～2000 元

  (3) 2001～5000 元   (4) 5001～8000 元

  (5) 8000 元以上

4. 近三年最大的一项支出是

  (1) 子女教育   (2) 子女结婚

  (3) 自己买房   (4) 自己买车

  (5) 治病   (6) 其他

（三）生活和生病照顾

1. 健康状况

  (1) 没病   (2) 有小病   (3) 有慢性病   (4) 有大病

2. 生活自理能力

  (1) 很好   (2) 较好   (3) 一般   (4) 较差

  (5) 很差

3. 日常生活的照料主体

  (1) 自己   (2) 配偶   (3) 子女   (4) 孙子女

  (5) 其他

4. 如果看病有困难，原因是

  (1) 没钱看病   (2) 没人陪护

  (3) 医疗费用高   (4) 医院太远

5. 生病照料主体

  (1) 自己   (2) 配偶   (3) 子女   (4) 孙子女

（5）邻居　　　（6）其他

（四）养老意愿

1. 是否参加医疗保险

　　（1）是　　　　　　　　　　（2）否

2. 是否参加养老保险

　　（1）是　　　　　　　　　　（2）否

3. 是否愿意到养老院养老

　　（1）愿意　　　（2）不愿意　　　（3）看情况

4. 是否愿意和子女住在一起养老

　　（1）愿意　　　（2）不愿意　　　（3）看情况

5. 是否需要子女的经济支持

　　（1）需要　　　（2）不需要　　　（3）无所谓

6. 老了以后最担心的是

　　（1）没钱养老　　　　　　　（2）没人照顾

7. 是否需要志愿者服务

　　（1）需要　　　（2）不需要　　　（3）无所谓

（五）精神慰藉

1. 子女婚否

　　（1）已婚　　　　　　　　　　（2）未婚

　　（3）还有_____没结婚（多子女家庭）

2. 是否需要对已婚子女进行经济支持（对有已婚子女的家庭）

　　（1）需要　　　　　　　　　　（2）不需要

3. 已婚子女居住方式

　　（1）与自己共居　　　　　　（2）与自己及配偶共居

　　（3）子女单独居住　　　　　（4）与一个子女共居（多子女）

　　（5）与多个子女共居（多子女）

4. 与子女的关系

  （1）紧张　　　（2）一般　　　（3）好

5. 多长时间见到子女一次

  （1）每天　　　（2）每周　　　（3）每月　　　（4）半年

  （5）一年　　　（6）一年以上

6. 孙子女照看情况（有孙子女的家庭）

  （1）完全由自己照看　　　（2）帮助子女照看

  （3）不需要照看

7. 闲暇时间安排（可多选）

  （1）看电视或听收音机　　　（2）下棋或打牌

  （3）聊天　　　　　　　　　（4）跳广场舞

  （5）上老年大学　　　　　　（6）旅游

  （7）其他

8. 孤独感（可以用对方能听得懂的语言表述）

  （1）经常感到　　（2）有时感到　　（3）无孤独感

（六）开放式问题

问：需要政府帮助吗？主要是哪方面？（通过访谈）

（七）个案访谈

5~10 个被调查对象，做一个详细访谈

附录 2

中华人民共和国人口与计划生育法

（2001 年 12 月 29 日第九届全国人民代表大会常务委员会第二十五次会议通过 根据 2015 年 12 月 27 日第十二届全国人民代表大会常务委员会第十八次会议《关于修改〈中华人民共和国人口与计划生育法〉的决定》第一次修正 根据 2021 年 8 月 20 日第十三届全国人民代表大会常务委员会第三十次会议《关于修改〈中华人民共和国人口与计划生育法〉的决定》第二次修正）

目　录

第一章　总　则

第二章　人口发展规划的制定与实施

第三章　生育调节

第四章　奖励与社会保障

第五章　计划生育服务

第六章　法律责任

第七章　附　则

第一章　总　则

第一条　为了实现人口与经济、社会、资源、环境的协调发展，推行计划生育，维护公民的合法权益，促进家庭幸福、民族繁荣与社会进步，根据宪法，制定本法。

第二条　我国是人口众多的国家，实行计划生育是国家的基本国策。

国家采取综合措施，调控人口数量，提高人口素质，推动实现适度生育水平，优化人口结构，促进人口长期均衡发展。

国家依靠宣传教育、科学技术进步、综合服务、建立健全奖励和社会保障制度，开展人口与计划生育工作。

第三条 开展人口与计划生育工作，应当与增加妇女受教育和就业机会、增进妇女健康、提高妇女地位相结合。

第四条 各级人民政府及其工作人员在推行计划生育工作中应当严格依法行政，文明执法，不得侵犯公民的合法权益。

卫生健康主管部门及其工作人员依法执行公务受法律保护。

第五条 国务院领导全国的人口与计划生育工作。

地方各级人民政府领导本行政区域内的人口与计划生育工作。

第六条 国务院卫生健康主管部门负责全国计划生育工作和与计划生育有关的人口工作。

县级以上地方各级人民政府卫生健康主管部门负责本行政区域内的计划生育工作和与计划生育有关的人口工作。

县级以上各级人民政府其他有关部门在各自的职责范围内，负责有关的人口与计划生育工作。

第七条 工会、共产主义青年团、妇女联合会及计划生育协会等社会团体、企业事业组织和公民应当协助人民政府开展人口与计划生育工作。

第八条 国家对在人口与计划生育工作中作出显著成绩的组织和个人，给予奖励。

第二章 人口发展规划的制定与实施

第九条 国务院编制人口发展规划，并将其纳入国民经济和社会发展计划。

县级以上地方各级人民政府根据全国人口发展规划以及上一级人民政府人口发展规划，结合当地实际情况编制本行政区域的人口发展规划，并将其纳入国民经济和社会发展计划。

第十条 县级以上各级人民政府根据人口发展规划，制定人口与计划生育实施方案并组织实施。

县级以上各级人民政府卫生健康主管部门负责实施人口与计划生育实施方案的日常工作。

乡、民族乡、镇的人民政府和城市街道办事处负责本管辖区域内的人口与计划生育工作，贯彻落实人口与计划生育实施方案。

第十一条 人口与计划生育实施方案应当规定调控人口数量，提高人口素质，推动实现适度生育水平，优化人口结构，加强母婴保健和婴幼儿照护服务，促进家庭发展的措施。

第十二条 村民委员会、居民委员会应当依法做好计划生育工作。

机关、部队、社会团体、企业事业组织应当做好本单位的计划生育工作。

第十三条 卫生健康、教育、科技、文化、民政、新闻出版、广播电视等部门应当组织开展人口与计划生育宣传教育。

大众传媒负有开展人口与计划生育的社会公益性宣传的义务。

学校应当在学生中，以符合受教育者特征的适当方式，有计划地开展生理卫生教育、青春期教育或者性健康教育。

第十四条 流动人口的计划生育工作由其户籍所在地和现居住地的人民政府共同负责管理，以现居住地为主。

第十五条 国家根据国民经济和社会发展状况逐步提高人口与计划生育经费投入的总体水平。各级人民政府应当保障人口与计划生育工作必要的经费。

各级人民政府应当对欠发达地区、少数民族地区开展人口与计划生育工作给予重点扶持。

国家鼓励社会团体、企业事业组织和个人为人口与计划生育工作提供捐助。

任何单位和个人不得截留、克扣、挪用人口与计划生育工作费用。

第十六条 国家鼓励开展人口与计划生育领域的科学研究和对外交流与合作。

第三章 生育调节

第十七条 公民有生育的权利，也有依法实行计划生育的义务，夫妻双方在实行计划生育中负有共同的责任。

第十八条 国家提倡适龄婚育、优生优育。一对夫妻可以生育三个子女。

符合法律、法规规定条件的，可以要求安排再生育子女。具体办法由省、自治区、直辖市人民代表大会或者其常务委员会规定。

少数民族也要实行计划生育，具体办法由省、自治区、直辖市人民代表大会或者其常务委员会规定。

夫妻双方户籍所在地的省、自治区、直辖市之间关于再生育子女的规定不一致的，按照有利于当事人的原则适用。

第十九条 国家创造条件，保障公民知情选择安全、有效、适宜的避孕节育措施。实施避孕节育手术，应当保证受术者的安全。

第二十条 育龄夫妻自主选择计划生育避孕节育措施，预防和减少非意愿妊娠。

第二十一条 实行计划生育的育龄夫妻免费享受国家规定的基本项目的计划生育技术服务。

前款规定所需经费，按照国家有关规定列入财政预算或者由社会保险予以保障。

第二十二条 禁止歧视、虐待生育女婴的妇女和不育的妇女。

禁止歧视、虐待、遗弃女婴。

第四章 奖励与社会保障

第二十三条 国家对实行计划生育的夫妻，按照规定给予奖励。

第二十四条 国家建立、健全基本养老保险、基本医疗保险、生育保险和社会福利等社会保障制度，促进计划生育。

国家鼓励保险公司举办有利于计划生育的保险项目。

第二十五条 符合法律、法规规定生育子女的夫妻，可以获得延长生育假的奖励或者其他福利待遇。

国家支持有条件的地方设立父母育儿假。

第二十六条 妇女怀孕、生育和哺乳期间，按照国家有关规定享受特殊劳动保护并可以获得帮助和补偿。国家保障妇女就业合法权益，为因生育影响就业的妇女提供就业服务。

公民实行计划生育手术，享受国家规定的休假。

第二十七条 国家采取财政、税收、保险、教育、住房、就业等支持措施，减轻家庭生育、养育、教育负担。

第二十八条 县级以上各级人民政府综合采取规划、土地、住房、财政、金融、人才等措施，推动建立普惠托育服务体系，提高婴幼儿家庭获得服务的可及性和公平性。

国家鼓励和引导社会力量兴办托育机构，支持幼儿园和机关、企业事业单位、社区提供托育服务。

托育机构的设置和服务应当符合托育服务相关标准和规范。托育机构应当向县级人民政府卫生健康主管部门备案。

第二十九条 县级以上地方各级人民政府应当在城乡社区建设改造中，建设与常住人口规模相适应的婴幼儿活动场所及配套服务设施。

公共场所和女职工比较多的用人单位应当配置母婴设施，为婴幼儿照护、哺乳提供便利条件。

第三十条 县级以上各级人民政府应当加强对家庭婴幼儿照护的支持和指导，增强家庭的科学育儿能力。

医疗卫生机构应当按照规定为婴幼儿家庭开展预防接种、疾病防控等服务，提供膳食营养、生长发育等健康指导。

第三十一条　在国家提倡一对夫妻生育一个子女期间，自愿终身只生育一个子女的夫妻，国家发给《独生子女父母光荣证》。

获得《独生子女父母光荣证》的夫妻，按照国家和省、自治区、直辖市有关规定享受独生子女父母奖励。

法律、法规或者规章规定给予获得《独生子女父母光荣证》的夫妻奖励的措施中由其所在单位落实的，有关单位应当执行。

在国家提倡一对夫妻生育一个子女期间，按照规定应当享受计划生育家庭老年人奖励扶助的，继续享受相关奖励扶助，并在老年人福利、养老服务等方面给予必要的优先和照顾。

第三十二条　获得《独生子女父母光荣证》的夫妻，独生子女发生意外伤残、死亡的，按照规定获得扶助。县级以上各级人民政府建立、健全对上述人群的生活、养老、医疗、精神慰藉等全方位帮扶保障制度。

第三十三条　地方各级人民政府对农村实行计划生育的家庭发展经济，给予资金、技术、培训等方面的支持、优惠；对实行计划生育的贫困家庭，在扶贫贷款、以工代赈、扶贫项目和社会救济等方面给予优先照顾。

第三十四条　本章规定的奖励和社会保障措施，省、自治区、直辖市和设区的市、自治州的人民代表大会及其常务委员会或者人民政府可以依据本法和有关法律、行政法规的规定，结合当地实际情况，制定具体实施办法。

第五章　计划生育服务

第三十五条　国家建立婚前保健、孕产期保健制度，防止或者减少出生缺陷，提高出生婴儿健康水平。

第三十六条　各级人民政府应当采取措施，保障公民享有计划生育服务，提高公民的生殖健康水平。

第三十七条 医疗卫生机构应当针对育龄人群开展优生优育知识宣传教育，对育龄妇女开展围孕期、孕产期保健服务，承担计划生育、优生优育、生殖保健的咨询、指导和技术服务，规范开展不孕不育症诊疗。

第三十八条 计划生育技术服务人员应当指导实行计划生育的公民选择安全、有效、适宜的避孕措施。

国家鼓励计划生育新技术、新药具的研究、应用和推广。

第三十九条 严禁利用超声技术和其他技术手段进行非医学需要的胎儿性别鉴定；严禁非医学需要的选择性别的人工终止妊娠。

第六章 法律责任

第四十条 违反本法规定，有下列行为之一的，由卫生健康主管部门责令改正，给予警告，没收违法所得；违法所得一万元以上的，处违法所得二倍以上六倍以下的罚款；没有违法所得或者违法所得不足一万元的，处一万元以上三万元以下的罚款；情节严重的，由原发证机关吊销执业证书；构成犯罪的，依法追究刑事责任：

（一）非法为他人施行计划生育手术的；

（二）利用超声技术和其他技术手段为他人进行非医学需要的胎儿性别鉴定或者选择性别的人工终止妊娠的。

第四十一条 托育机构违反托育服务相关标准和规范的，由卫生健康主管部门责令改正，给予警告；拒不改正的，处五千元以上五万元以下的罚款；情节严重的，责令停止托育服务，并处五万元以上十万元以下的罚款。

托育机构有虐待婴幼儿行为的，其直接负责的主管人员和其他直接责任人员终身不得从事婴幼儿照护服务；构成犯罪的，依法追究刑事责任。

第四十二条 计划生育技术服务人员违章操作或者延误抢救、诊治，造成严重后果的，依照有关法律、行政法规的规定承担相应的法律责任。

第四十三条 国家机关工作人员在计划生育工作中,有下列行为之一,构成犯罪的,依法追究刑事责任;尚不构成犯罪的,依法给予处分;有违法所得的,没收违法所得:

(一)侵犯公民人身权、财产权和其他合法权益的;

(二)滥用职权、玩忽职守、徇私舞弊的;

(三)索取、收受贿赂的;

(四)截留、克扣、挪用、贪污计划生育经费的;

(五)虚报、瞒报、伪造、篡改或者拒报人口与计划生育统计数据的。

第四十四条 违反本法规定,不履行协助计划生育管理义务的,由有关地方人民政府责令改正,并给予通报批评;对直接负责的主管人员和其他直接责任人员依法给予处分。

第四十五条 拒绝、阻碍卫生健康主管部门及其工作人员依法执行公务的,由卫生健康主管部门给予批评教育并予以制止;构成违反治安管理行为的,依法给予治安管理处罚;构成犯罪的,依法追究刑事责任。

第四十六条 公民、法人或者其他组织认为行政机关在实施计划生育管理过程中侵犯其合法权益,可以依法申请行政复议或者提起行政诉讼。

第七章 附 则

第四十七条 中国人民解放军和中国人民武装警察部队执行本法的具体办法,由中央军事委员会依据本法制定。

第四十八条 本法自2002年9月1日起施行。

附录 3

全国人民代表大会常务委员会关于修改《中华人民共和国人口与计划生育法》的决定

(2021 年 8 月 20 日第十三届全国人民代表大会常务委员会第三十次会议通过)

第十三届全国人民代表大会常务委员会第三十次会议决定对《中华人民共和国人口与计划生育法》作如下修改:

一、将第二条第二款修改为:"国家采取综合措施,调控人口数量,提高人口素质,推动实现适度生育水平,优化人口结构,促进人口长期均衡发展。"

二、将第十一条修改为:"人口与计划生育实施方案应当规定调控人口数量,提高人口素质,推动实现适度生育水平,优化人口结构,加强母婴保健和婴幼儿照护服务,促进家庭发展的措施。"

三、将第十五条第二款中的"贫困地区"修改为"欠发达地区"。

四、将第十八条第一款修改为:"国家提倡适龄婚育、优生优育。一对夫妻可以生育三个子女。"

五、第二十五条增加一款,作为第二款:"国家支持有条件的地方设立父母育儿假。"

六、将第二十六条修改为:"妇女怀孕、生育和哺乳期间,按照国家有关规定享受特殊劳动保护并可以获得帮助和补偿。国家保障妇女就业合法权益,为因生育影响就业的妇女提供就业服务。

"公民实行计划生育手术,享受国家规定的休假。"

七、增加一条,作为第二十七条:"国家采取财政、税收、保险、教育、住房、就业等支持措施,减轻家庭生育、养育、教育负担。"

八、增加一条,作为第二十八条:"县级以上各级人民政府综合采取规划、土地、住房、财政、金融、人才等措施,推动建立普惠托育服务体系,提高婴幼儿家庭获得服务的可及性和公平性。

"国家鼓励和引导社会力量兴办托育机构,支持幼儿园和机关、企业事业单位、社区提供托育服务。

"托育机构的设置和服务应当符合托育服务相关标准和规范。托育机构应当向县级人民政府卫生健康主管部门备案。"

九、增加一条,作为第二十九条:"县级以上地方各级人民政府应当在城乡社区建设改造中,建设与常住人口规模相适应的婴幼儿活动场所及配套服务设施。

"公共场所和女职工比较多的用人单位应当配置母婴设施,为婴幼儿照护、哺乳提供便利条件。"

十、增加一条,作为第三十条:"县级以上各级人民政府应当加强对家庭婴幼儿照护的支持和指导,增强家庭的科学育儿能力。

"医疗卫生机构应当按照规定为婴幼儿家庭开展预防接种、疾病防控等服务,提供膳食营养、生长发育等健康指导。"

十一、将第二十七条改为第三十一条,删去第四款,将第五款改为第四款,修改为:"在国家提倡一对夫妻生育一个子女期间,按照规定应当享受计划生育家庭老年人奖励扶助的,继续享受相关奖励扶助,并在老年人福利、养老服务等方面给予必要的优先和照顾。"

十二、增加一条,作为第三十二条:"获得《独生子女父母光荣证》的夫妻,独生子女发生意外伤残、死亡的,按照规定获得扶助。县级以上各级人民政府建立、健全对上述人群的生活、养老、医疗、精神慰藉等全方位帮扶保障制度。"

十三、将第二十九条改为第三十四条，将其中的"奖励"修改为"奖励和社会保障"，"较大的市"修改为"设区的市、自治州"。

十四、将第五章章名修改为"计划生育服务"。

十五、将第三十一条改为第三十六条，修改为："各级人民政府应当采取措施，保障公民享有计划生育服务，提高公民的生殖健康水平。"

十六、将第三十三条改为第三十七条，修改为："医疗卫生机构应当针对育龄人群开展优生优育知识宣传教育，对育龄妇女开展围孕期、孕产期保健服务，承担计划生育、优生优育、生殖保健的咨询、指导和技术服务，规范开展不孕不育症诊疗。"

十七、增加一条，作为第四十一条："托育机构违反托育服务相关标准和规范的，由卫生健康主管部门责令改正，给予警告；拒不改正的，处五千元以上五万元以下的罚款；情节严重的，责令停止托育服务，并处五万元以上十万元以下的罚款。

"托育机构有虐待婴幼儿行为的，其直接负责的主管人员和其他直接责任人员终身不得从事婴幼儿照护服务；构成犯罪的，依法追究刑事责任。"

十八、将第三十九条改为第四十三条，删去第四项中的"或者社会抚养费"，将"行政处分"修改为"处分"；将第四十条改为第四十四条，将其中的"行政处分"修改为"处分"。

十九、删去第十九条第一款、第二十四条第三款、第三十二条、第三十四条第二款、第三十六条第三项、第三十七条、第四十一条、第四十二条、第四十五条。

二十、将第四十六条改为第四十七条，修改为："中国人民解放军和中国人民武装警察部队执行本法的具体办法，由中央军事委员会依据本法制定。"

二十一、将第四条、第六条、第十条中的"计划生育行政部门"修改为"卫生健康主管部门"；将第十三条第一款中的第一处"计划生育"修改为"卫生健康",删去"卫生";将第三十六条改为第四十条,将其中的"计划生育行政部门或者卫生行政部门依据职权"修改为"卫生健康主管部门";将第四十三条改为第四十五条,将其中的"计划生育行政部门"修改为"卫生健康主管部门"。

本决定自公布之日起施行。

《中华人民共和国人口与计划生育法》根据本决定作相应修改并对条文顺序作相应调整,重新公布。

参 考 文 献

[1] 毕天云. 老龄社会学视野下我国社会养老保障的系统整合 [J]. 云南师范大学学报（哲学社会科学版），2016，48（5）：53-62.

[2] 毕天云. 论"孝"与中国传统养老保障网的构建 [J]. 山东社会科学，2017（5）：32-38.

[3] 曹文献. 国外农村养老保障制度特征比较及启示 [J]. 世界农业，2013（11）：91-94，115.

[4] 慈勤英，宁雯雯. 多子未必多福——基于子女数量与老年人养老状况的定量分析 [J]. 湖北大学学报（哲学社会科学版），2013，40（4）：69-74.

[5] 陈起风，李春根. 从社会主要矛盾转化看基本养老保障制度改革：契机与路径 [J]. 华中农业大学学报（社会科学版），2019（6）：130-138，166.

[6] 陈晓毅，张波. 老龄化、养老保障与我国农村家庭消费——基于微观调查数据的分析 [J]. 云南财经大学学报，2014，30（4）：87-95.

[7] 丁建定，曹永红. 共享发展理念视域下中国农村养老保障制度体系的完善——基于"社会保障制度三体系"的分析框架 [J]. 学海，2017（6）：42-47.

[8] 丁仁船，张航空. 独生子女家庭结构演变与养老方案选择研究——以安徽省为例 [J]. 南方人口，2013，28（2）：65-71.

[9] 丁志宏. 我国农村中年独生子女父母养老意愿研究 [J]. 人口研究，2014（4）：101-111.

[10] 丁志宏，祁静．如何关注"失独家庭"养老问题的思考 [J]．兰州学刊，2013（9）：70－75．

[11] 杜鹏，武超．中国老年人的主要经济来源分析 [J]．人口研究，1998（4）：51－57．

[12] 杜勇敏．独生子女家庭养老困境及解决路径探析 [J]．西部学刊，2013（9）：28－31．

[13] 费孝通．家庭结构变动中的老年赡养问题——再论中国家庭结构的变动 [J]．北京大学学报（哲学社会科学版），1983（3）：6－15．

[14] 风笑天．从"依赖养老"到"独立养老"——独生子女家庭养老观念的重要转变 [J]．河北学刊，2006，26（3）：83－87．

[15] 风笑天．面临养老：第一代独生子女父母的心态与认识 [J]．江苏行政学院学报，2010（6）：64－72．

[16] 高传胜．老有所依，当问谁？——人口和家庭结构新情境下养老服务模式再审视 [J]．甘肃社会科学，2017（3）：107－112．

[17] 龚钰淋，吕学静．困境与出路：北京市失独家庭养老保障问题研究 [J]．中国劳动关系学院学报，2015，29（3）：101－106．

[18] 龚志文，刘太刚．我国失独家庭养老保障的差异化制度设计研究——基于需求溢出理论的视角 [J]．学习论坛，2015，31（7）：55－59．

[19] 苟兴朝．社会养老保障制度并轨的福利经济学理论基础 [J]．经济研究参考，2014（60）：33．

[20] 桂晓红．经济全球化背景下农村社会保障制度完善路径 [J]．农业经济，2017（5）：105－106．

[21] 何文炯．中国社会保障：从快速扩展到高质量发展 [J]．中国人口科学，2019（1）：2－15，126．

[22] 洪娜．上海第一代独生子女父母的养老方式选择及影响因素研究——基于健康状况视角的实证分析 [J]．南方人口，2013，28（6）：35－43．

[23] 胡豹, 卫新. 国外农村社会养老保障的实践比较与启示 [J]. 商业研究, 2006 (7): 52-55.

[24] 胡仕勇, 李佳. 农村老年人代际经济反馈的影响因素分析——基于 CHARLS 全国基线调查数据 [J]. 社会保障研究, 2016 (6): 19-25.

[25] 黄佳豪, 孟昉. 中国农村养老保障模式研究进展 [J]. 中国老年学杂志, 2014, 34 (19): 5622-5624.

[26] 黄耀冬. 城镇化进程中的社会保障制度改革问题研究 [J]. 社会保障研究, 2017 (2): 90-94.

[27] 纪竞垚. 只有一孩, 靠谁养老? 独生子女父母养老意愿及影响因素分析 [J]. 老龄科学研究, 2015, 3 (8): 35-44.

[28] 蒋军成. 农村养老保障的制度演进与发展趋势探析 [J]. 云南民族大学学报 (哲学社会科学版), 2017, 34 (2): 67-77.

[29] 姜小静. 人口老龄化趋势下我国老年社会保障制度研究 [D]. 太原: 山西财经大学, 2018.

[30] 匡亚林. 新时代聚焦新发展: 我国社会保障体系建设研究 [J]. 行政管理改革, 2018 (5): 39-44.

[31] 李淼, 陈晓红. 我国农村养老保障的主要困境及对策研究 [J]. 农业经济, 2019 (10): 67-68.

[32] 李时华, 龚志民. 农村养老保障国外经验比较及借鉴 [J]. 消费经济, 2009, 25 (4): 52-54, 39.

[33] 李薇, 谢敏. 婚姻对城市第一代独生子女家庭养老功能的影响研究 [J]. 西北人口, 2013, 34 (4): 110-113.

[34] 刘雪明, 唐封伟. 城市失独家庭养老保障政策实施中的地方政府责任研究——以广州市为例 [J]. 山西大同大学学报 (社会科学版), 2016, 30 (6): 1-8.

[35] 刘燕, 纪晓岚. 老年人社会网络规模及结构研究——兼论独生子女家庭的养老困境 [J]. 大连理工大学学报 (社会科学版),

2013, 34 (3): 71-76.

[36] 卢义桦, 陈绍军. 新型城镇化进程中农村老年人养老的变迁、困境与对策 [J]. 湖北社会科学, 2018 (3): 37-46

[37] 孟荣芳. "碎片化": 社会基本养老保障制度发展中的迷思 [J]. 社会科学研究, 2014 (5): 151-157.

[38] 穆光宗. 独生子女家庭非经济养老风险及其保障 [J]. 浙江学刊, 2007 (3): 10-16.

[39] 聂建亮, 钟涨宝. 家庭保障、社会保障与农民的养老担心——基于对湖北省孔镇的实证调查 [J]. 农村经济, 2014 (6): 90-94.

[40] 秦秋红、张甦. "银发浪潮"下失独家庭养老问题研究——兼论社会养老保险制度的完善 [J]. 北京社会科学, 2014 (7): 5-56.

[41] 曲延春, 阎晓涵. 晚年何以幸福: 农村空巢老人养老困境及其治理 [J]. 理论探讨, 2019 (2): 172-176.

[42] 尚潇滢. 我国城市独生子女家庭养老模式选择意愿及影响因素分析 [J]. 宁夏社会科学, 2014 (3): 64-72.

[43] [日] 上子武次, 增田光吉. 理想家庭探索 [M]. 北京: 国际文化出版公司, 1987 (中文版): 210-211.

[44] 邵赶. 传统孝文化视角下中国家庭养老问题研究 [D]. 重庆: 西南政法大学, 2017.

[45] 召希言, 赵仲杰. 北京城区首批独生子女家庭养老风险及规避对策研究 [J]. 中国人口·资源与环境 (增刊), 2016, 26 (5): 513-517.

[46] 史金玉. 新型城镇化下农村空巢老人养老困境 [J]. 农业经济, 2020 (6): 87-88.

[47] 石燕. 关于我国独生子女养老经济负担的调查研究——以镇江为例 [J]. 中国青年研究, 2008 (10): 46-52.

[48] 石智雷. 多子未必多福——生育决策、家庭养老与农村老年人生活质量 [J]. 社会学研究, 2015 (5): 189-246.

[49] 睢党臣,彭庆超. 农村计生家庭养老保障的现实境遇[J]. 重庆社会科学, 2015 (9): 72-80.

[50] 唐利平,风笑天. 第一代农村独生子女父母养老意愿实证分析——兼论农村养老保险的效用[J]. 人口学刊, 2010 (1): 34-40.

[51] 陶纪坤. 农村家庭养老与新农保制度协调发展的途径探索[J]. 经济纵横, 2015, 13 (2): 100-104.

[52] 王翠绒. 构筑农村独生子女父母养老保障防线——基于政府责任的视角[J]. 湖南师范大学社会科学学报, 2014 (1): 93-98.

[53] 王立剑,金蕾等. "多元共服"能否破解农村失能老人养老困境?[J]. 西安交通大学学报(社会科学版), 2019 (2): 101-108.

[54] 王萍,陈颖. 城市独生子女父母养老风险探析——以南京市为例[J]. 河海大学学报(哲学社会科学版), 2013, 15 (3): 35-40.

[55] 王平达,高鹏. 我国农村社会养老保险制度变迁研究[J]. 学术交流, 2020 (2): 150-160.

[56] 王文娟,陈岱云. 城市独生子女父母养老社会支持问题研究[J]. 山东社会科学, 2008 (9): 31-35.

[57] 王学义,张冲. 农村独生子女父母养老意愿的实证分析——基于四川省绵阳市、德阳市的调研数据[J]. 农村经济, 2013 (3): 75-78.

[58] 王跃生. 城乡养老中的家庭代际关系研究——以2010年七省区调查数据为基础[J]. 开放时代, 2012 (2): 102-121.

[59] 韦加庆. 新时期农村家庭养老的可持续性思考[J]. 江淮论坛, 2015 (5): 42-45, 108.

[60] 魏彦彦. 中国现行家庭养老支持政策分析与评估[J]. 中国老年学杂志, 2014, 34 (22): 6526-6529.

[61] 吴翠萍. 家庭功能变迁中的养老选择[J]. 社会工作, 2007 (9): 41-42.

[62] 伍海霞. 城市第一代独生子女父母的社会养老服务需求——基于五省调查数据的分析 [J]. 社会科学, 2017 (5): 79-87.

[63] 夏辛萍. 城市独生子女家庭养老困境分析及对策 [J]. 中国老年学杂志, 2011 (22): 4494-4496.

[64] 谢勇才. 老龄化背景下失独家庭养老模式向何处去 [J]. 东岳论丛, 2016, 37 (8): 17-24.

[65] 熊汉富. 独生子女家庭养老压力及其化解 [J]. 重庆社会科学, 2009 (9): 78-81.

[66] 徐靖喻. 我国农村养老保障政策研究 [J]. 改革与战略, 2017, 33 (4): 137-139.

[67] 徐俊, 风笑天. 独生子女家庭养老责任与风险研究 [J]. 人口与发展, 2012, 18 (5): 2-10.

[68] 许莉, 万春. 养老保险制度城乡比较实证分析: 差异性、稳定性及趋同性 [J]. 统计与信息论坛, 2018, 33 (9): 51-57.

[69] 杨复兴. 中国农村家庭养老保障的历史分期及前景探析 [J]. 经济问题探索, 2007 (9): 182-186.

[70] 杨光. 农村特困老人社会养老保障体系研究 [D]. 济南: 山东大学, 2019.

[71] 杨菊华, 姜向群, 陈志光. 老年社会贫困影响因素的定量和定性分析 [J]. 人口学刊, 2010 (4): 31-40.

[72] 杨勇刚, 胡琳娜, 马刚. 快速老龄化背景下失独老人养老风险化解机制——基于对河北省保定市的调研 [J]. 河北大学学报 (哲学社会科学版), 2014, 39 (2): 100-106.

[73] 杨政怡. 替代或互补: 群体分异视角下新农保与农村家庭养老的互动机制——来自全国五省的农村调查数据 [J]. 公共管理学报, 2016 (1): 117-127.

[74] 易文彬. 一个村庄家庭养老的基本形式——对中国中部一个城郊村庄的调查 [J]. 现代经济探讨, 2013 (2): 76-79.

[75] 衣艳芳, 孟庆民. 我国独生子女家庭养老问题探讨 [J]. 长白学刊, 2012 (2): 126-130.

[76] 尹志刚. 北京城市首批独生子女父母养老方式选择与养老战略思考——依据北京市西城区、宣武区首批独生子女家庭调查数据 [J]. 南京人口管理干部学院学报, 2008, 24 (2): 32-36.

[77] 于长永. 农村独生子女家庭的养老风险及其保障 [J]. 西北人口, 2009, 30 (6): 85-90.

[78] 张珉. 全面深化改革背景下我国社会保障体系发展途径探析 [J]. 改革与战略, 2015, 31 (11): 186-190.

[79] 张攀. 社会保障基金的财政透明度研究:面向我国省级政府的分析 [J]. 中国卫生经济, 2016, 35 (9): 14-15.

[80] 张骐, 李廷豪. 家庭养老财务转移代际回报研究 [J]. 人口与经济, 2015 (2): 98-107.

[81] 张士斌. 社会养老保障制度构建的国际经验与借鉴 [J]. 探索, 2009 (6): 135-140.

[82] 张世青. 人口老龄化的养老保障挑战及政策选择 [J]. 山东社会科学, 2014 (10): 71-77.

[83] 张文娟, 李树茁. 农村老年人家庭代际支持研究——运用指数混合模型验证合作群体理论 [J]. 统计研究, 2004 (5): 33-37.

[84] 赵继伦, 陆志娟. 城市家庭养老代际互助关系分析 [J]. 人口学刊, 2013 (6): 41-46.

[85] 赵强社. 农村养老:困境分析、模式选择与策略构想 [J]. 农业经济问题, 2016 (10): 70-82, 111.

[86] 郑秉文. 中国社会保障制度60年:成就与教训 [J]. 中国人口科学, 2009 (5): 2-18, 111.

[87] 郑丹丹, 易杨忱子. 养儿还能防老吗——当代中国城市家庭代际支持研究 [J]. 华中科技大学学报 (社会科学版), 2014, 28 (1): 125-130.

[88] 钟曼丽, 刘筱红. 农村家庭养老的家国责任边界 [J]. 西北农林科技大学学报（社会科学版）, 2018, 18 (2): 86-93.

[89] 钟涨宝, 杨柳. 转型期农村家庭养老困境解析 [J]. 西北农林科技大学学报（社会科学版）, 2016 (5): 22-28.

[90] 周爱民. 当前我国养老保障制度改革的现状、面临的挑战及其对策探讨 [J]. 湖南社会科学, 2019 (6): 133-140.

[91] 周德禄. 农村独生子女家庭养老保障的弱势地位与对策研究——来自山东农村的调查 [J]. 人口学刊, 2011 (5): 74-82.

[92] 朱鹏, 李朗. 家庭在养老保障中的角色定位分析 [J]. 人民论坛, 2014 (26): 138-140.

[93] Kee-Lee Chou. Number of Children and Upstream Intergenerational Financial transfers: Evidence From Hong Kong [J]. Journal of Gerontology: Social Sciences, 65B (2) 2009: 227-235.

[94] Sun, R. Old Age Support in Contemporary Urban China from both Parents' and Children's perspectives [J]. Research onAging, 2002 (24): 337-359.

后　　记

　　本书在数据收集和统计分析的过程中经历了较长时间，在刚进入课题研究的时候，因为担心不能按期完成研究任务，我经历过一段时间的焦虑，随着课题研究的逐步展开，这种焦虑慢慢地消失了。在研究的每一个阶段，每当我遇到困难的时候，我就会停下来，去寻找解决问题的办法，我深知每一项成果的获得都需要做大量的工作，要付出很多的努力。虽然过程不易，但最后的结果还是好的。在课题研究和专著出版的过程中，我也提高了解决问题的能力。

　　几年来，我在该项目的研究中花费了很多心血，也遇到了一些问题，最后都一一解决了。虽然课题的研究并不要求出版专著，但是在课题结项以后，我有了出版专著的想法。该书最终能够出版，要感谢安徽财经大学财政与公共管理学院的储德银院长、合作经济研究中心的秦立建院长、劳动与社会保障系的王浩林主任，如果没有他们的支持和帮助，本书就无法顺利出版。

郭永芳

2021 年 8 月